TANGO MANDALAS

Libro de Colorear para Adultos

MANDALAS Relajantes para amantes del TANGO

TANGO MANDALAS

Libro de Colorear para Adultos

MANDALAS relajantes para amantes del TANGO

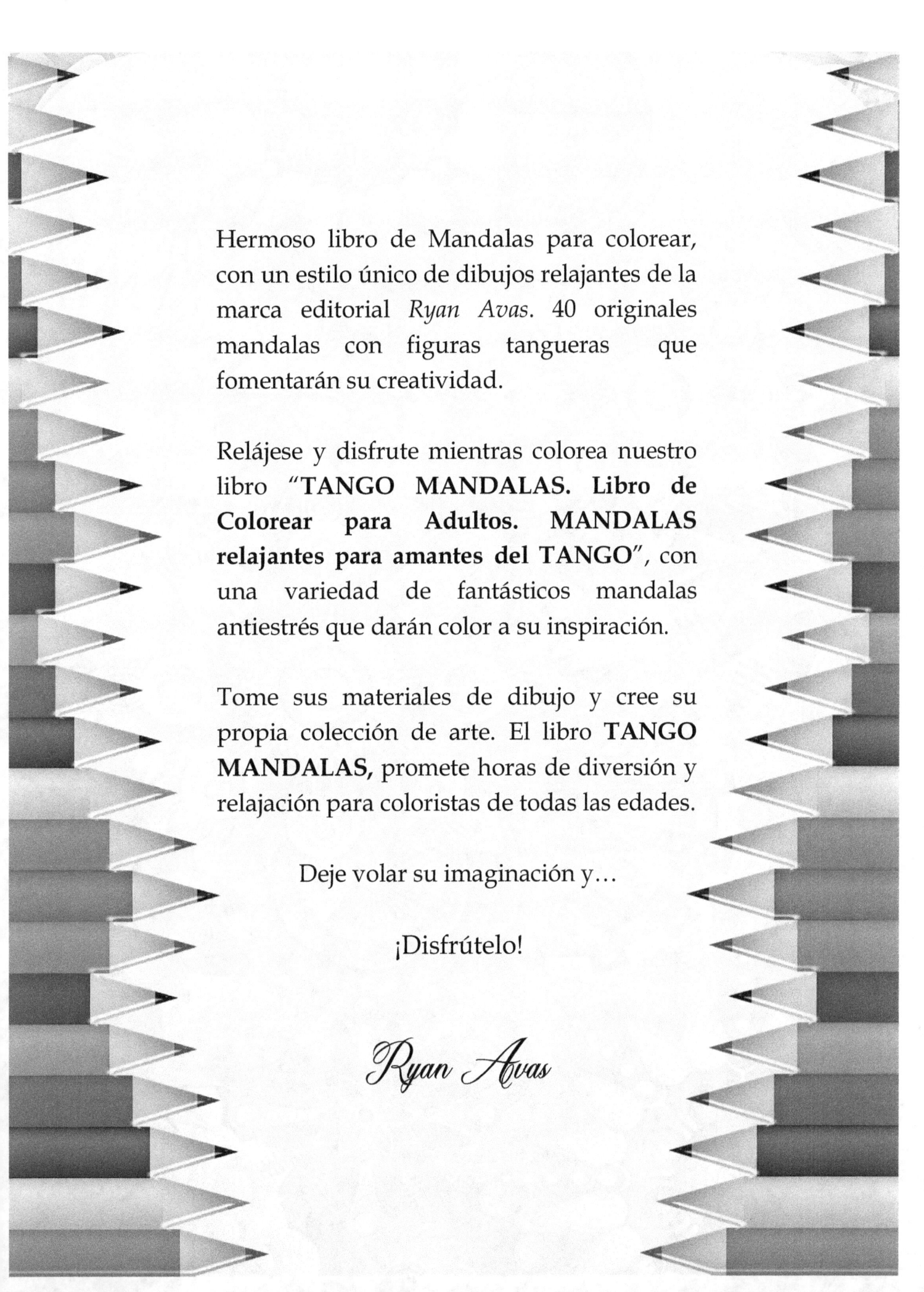

Hermoso libro de Mandalas para colorear, con un estilo único de dibujos relajantes de la marca editorial *Ryan Avas*. 40 originales mandalas con figuras tangueras que fomentarán su creatividad.

Relájese y disfrute mientras colorea nuestro libro "**TANGO MANDALAS. Libro de Colorear para Adultos. MANDALAS relajantes para amantes del TANGO**", con una variedad de fantásticos mandalas antiestrés que darán color a su inspiración.

Tome sus materiales de dibujo y cree su propia colección de arte. El libro **TANGO MANDALAS,** promete horas de diversión y relajación para coloristas de todas las edades.

Deje volar su imaginación y…

¡Disfrútelo!

Ryan Avas

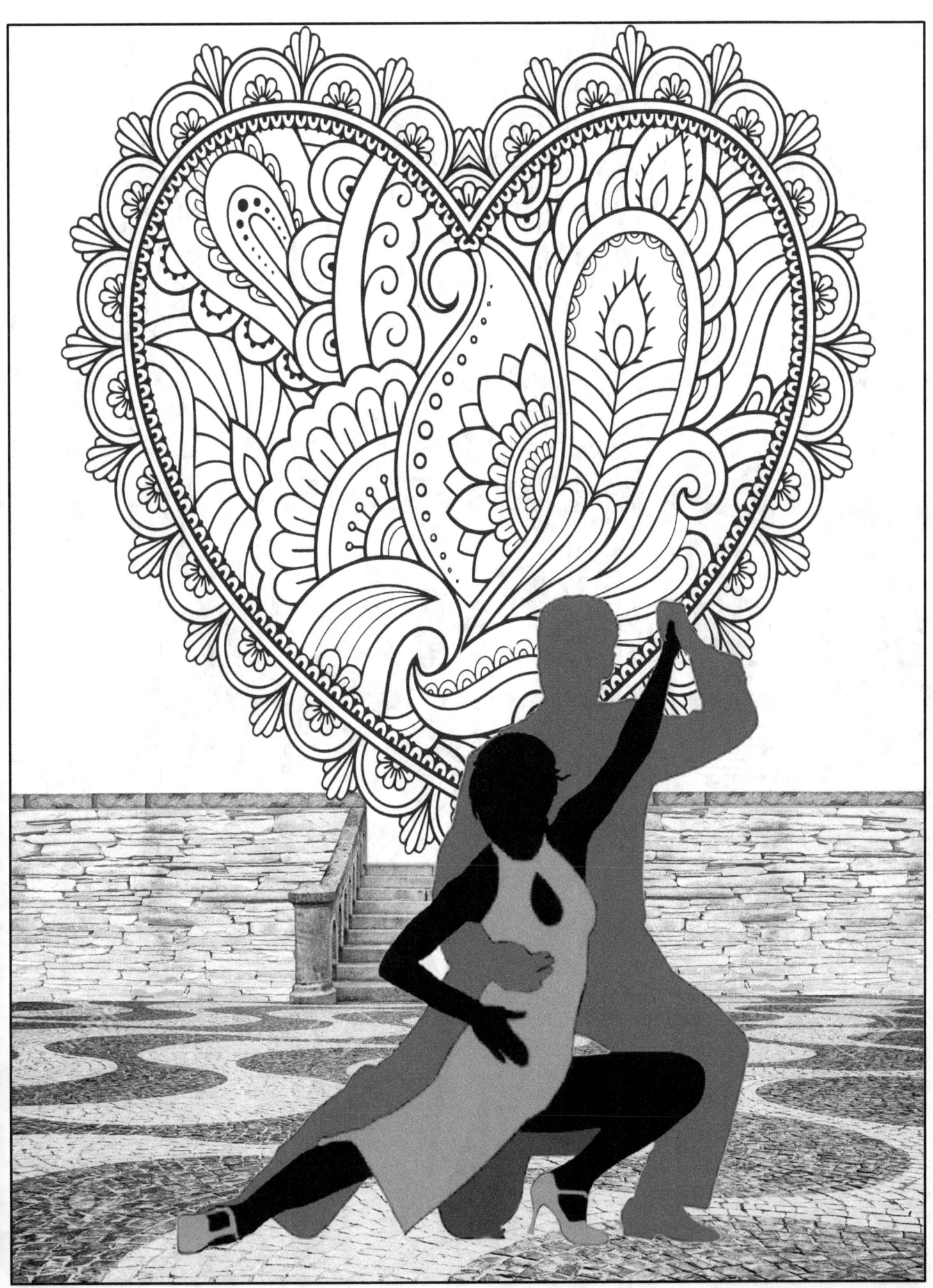

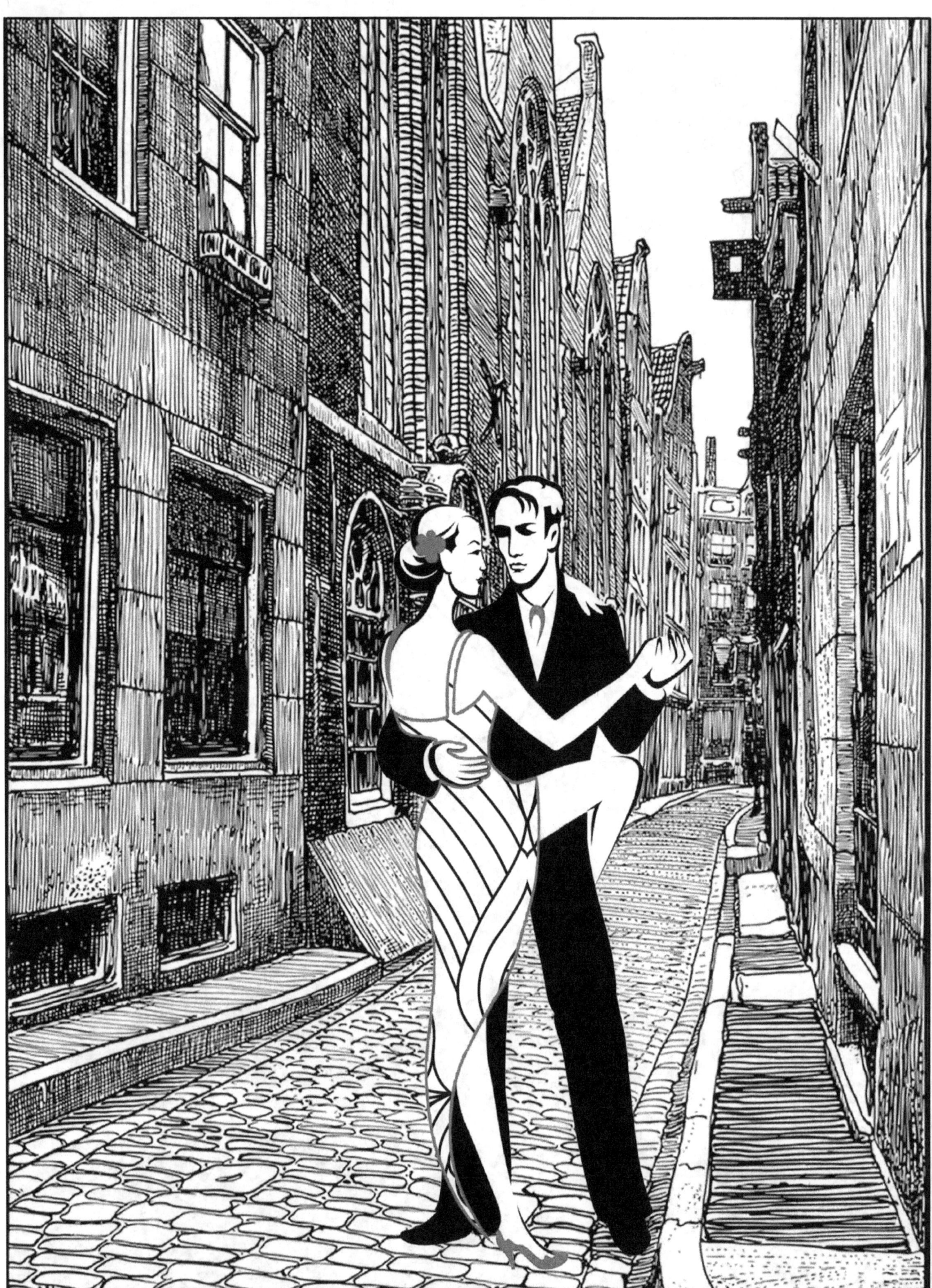

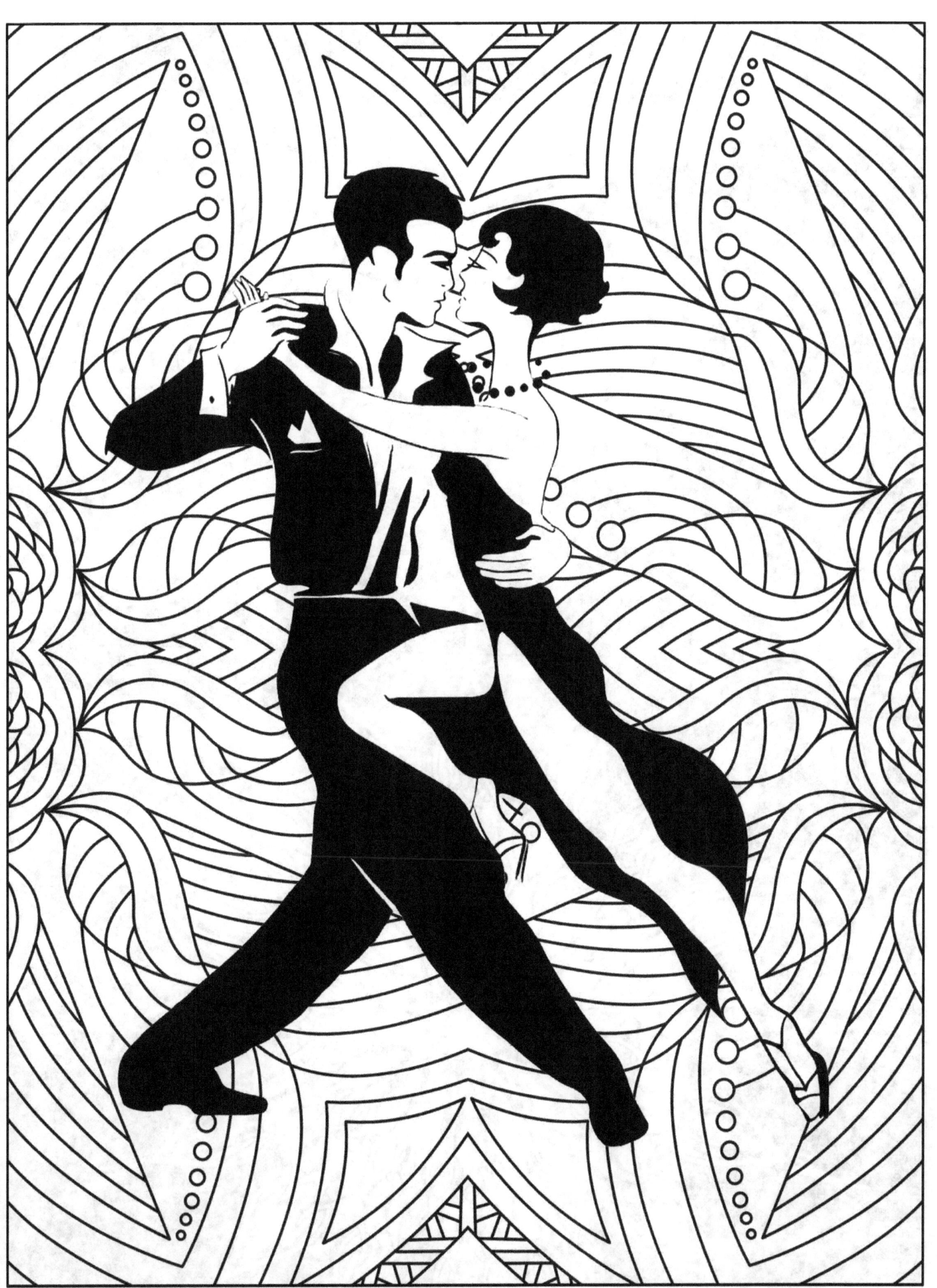

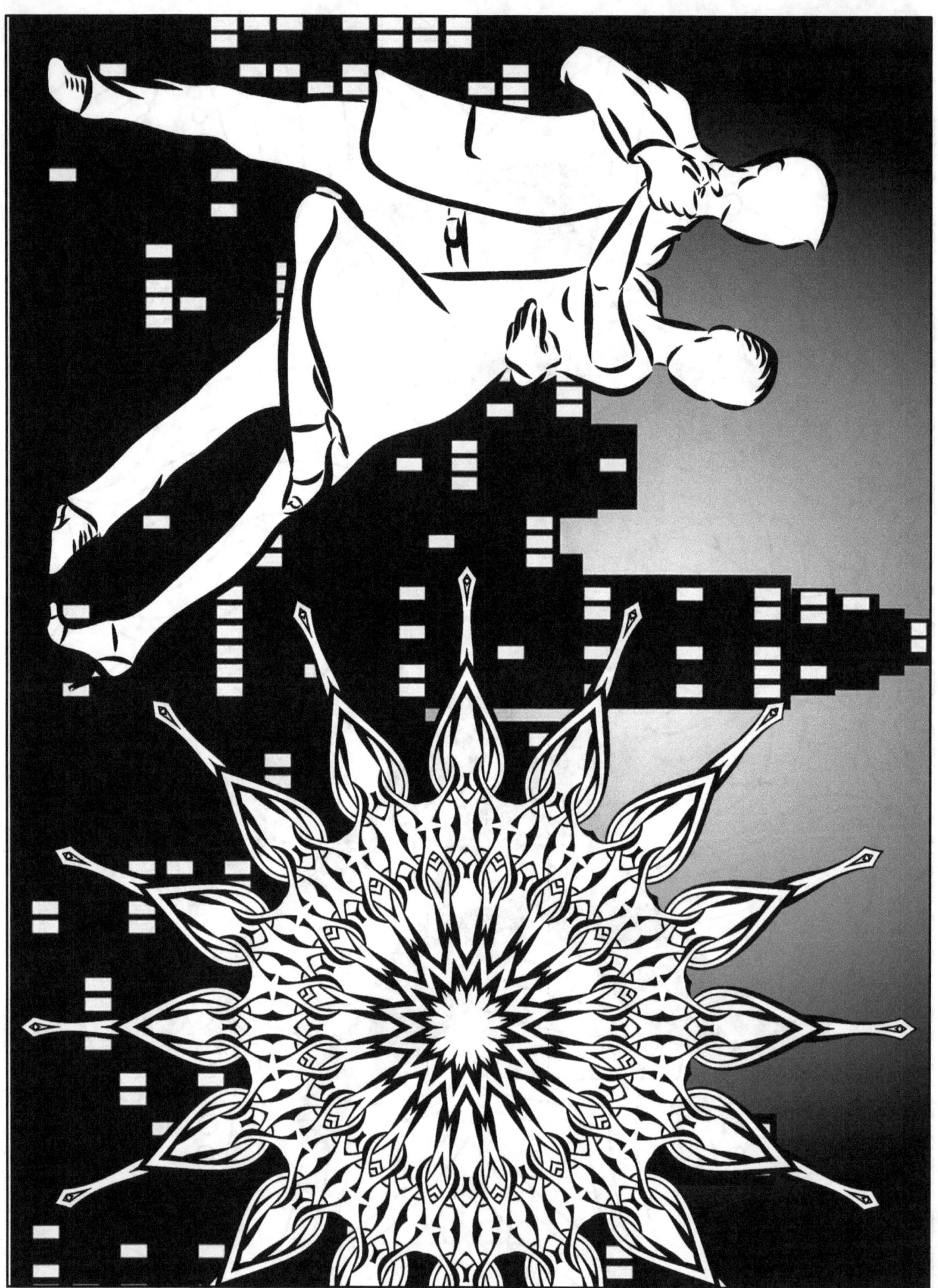

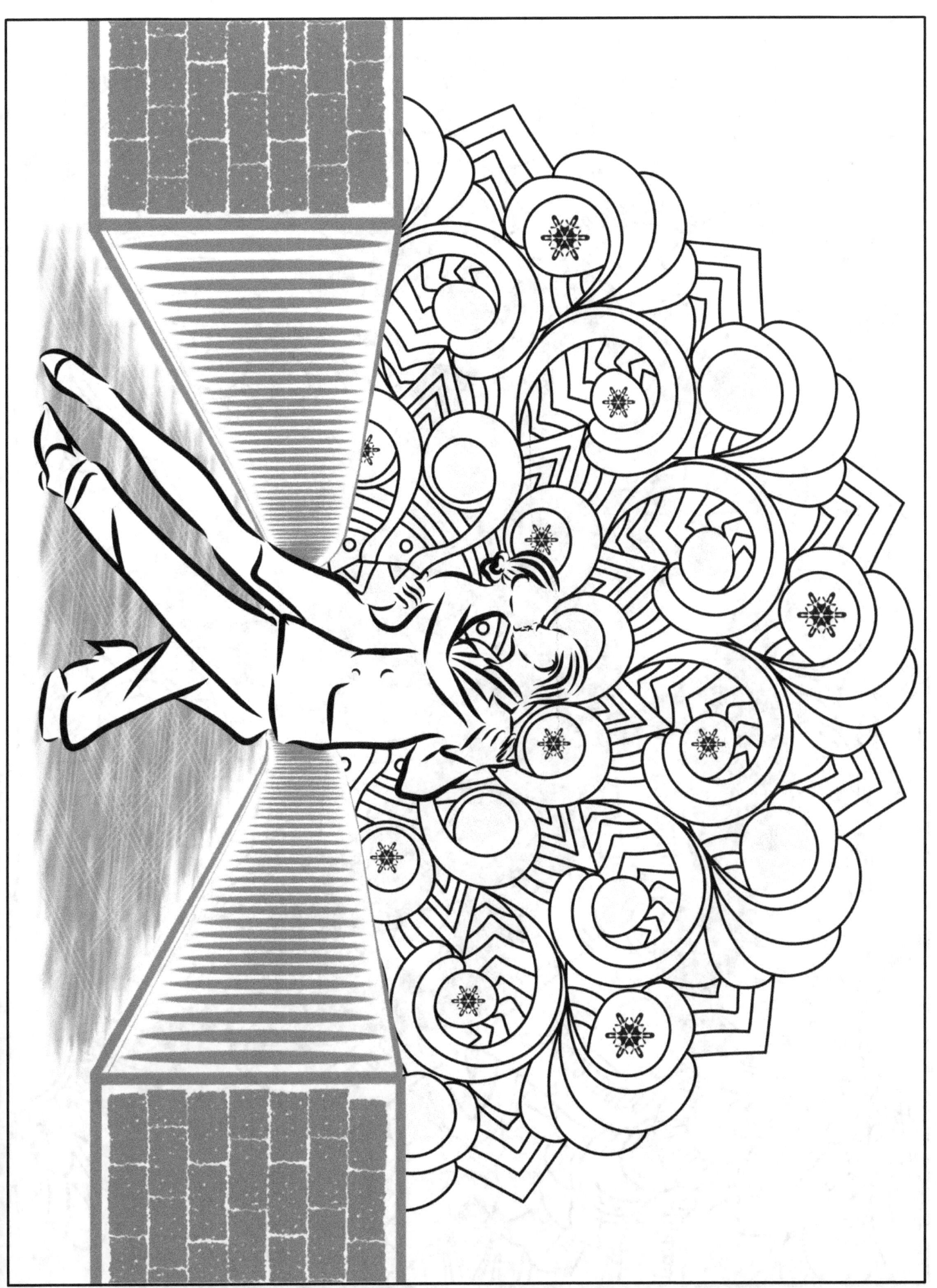

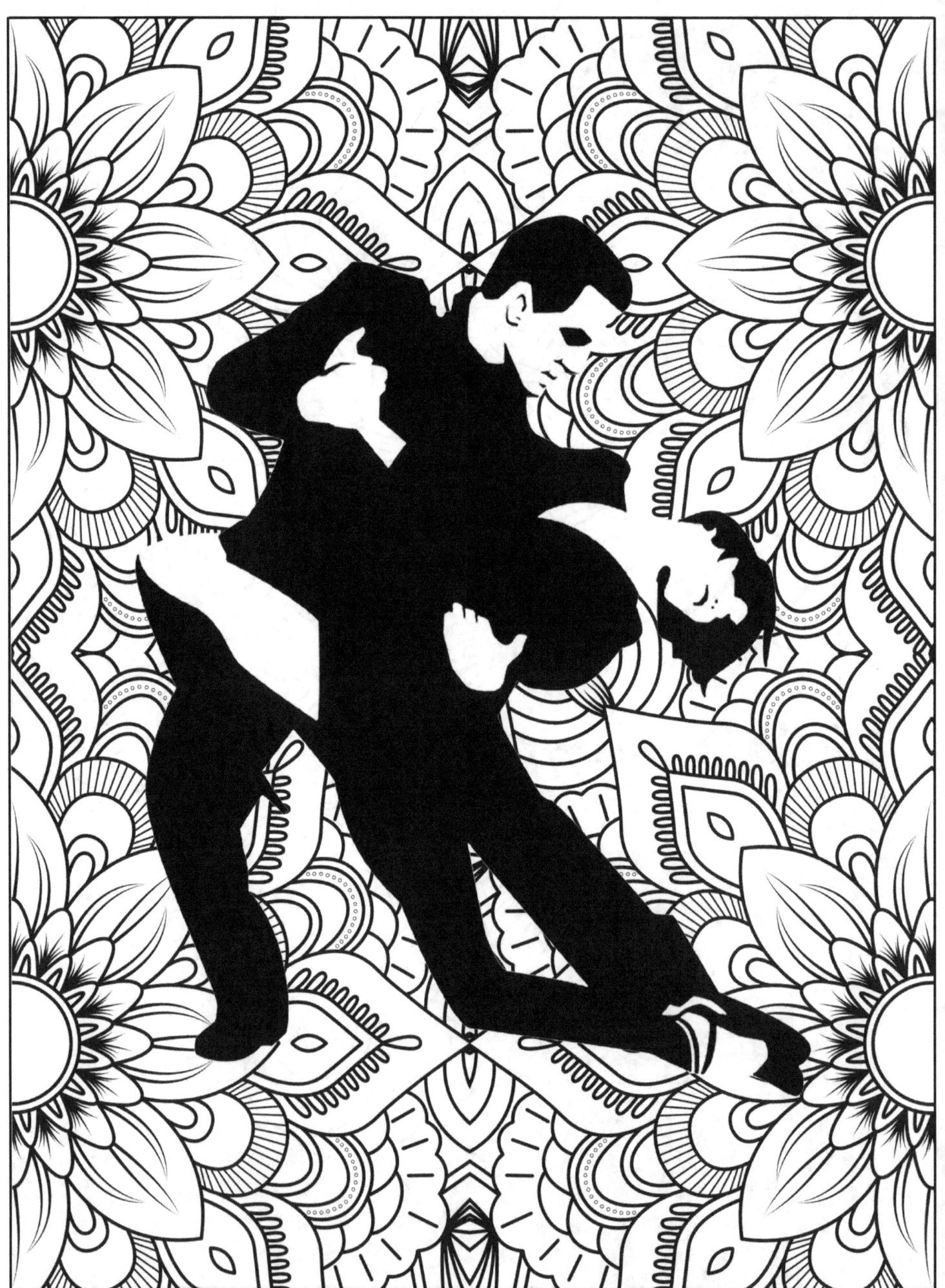

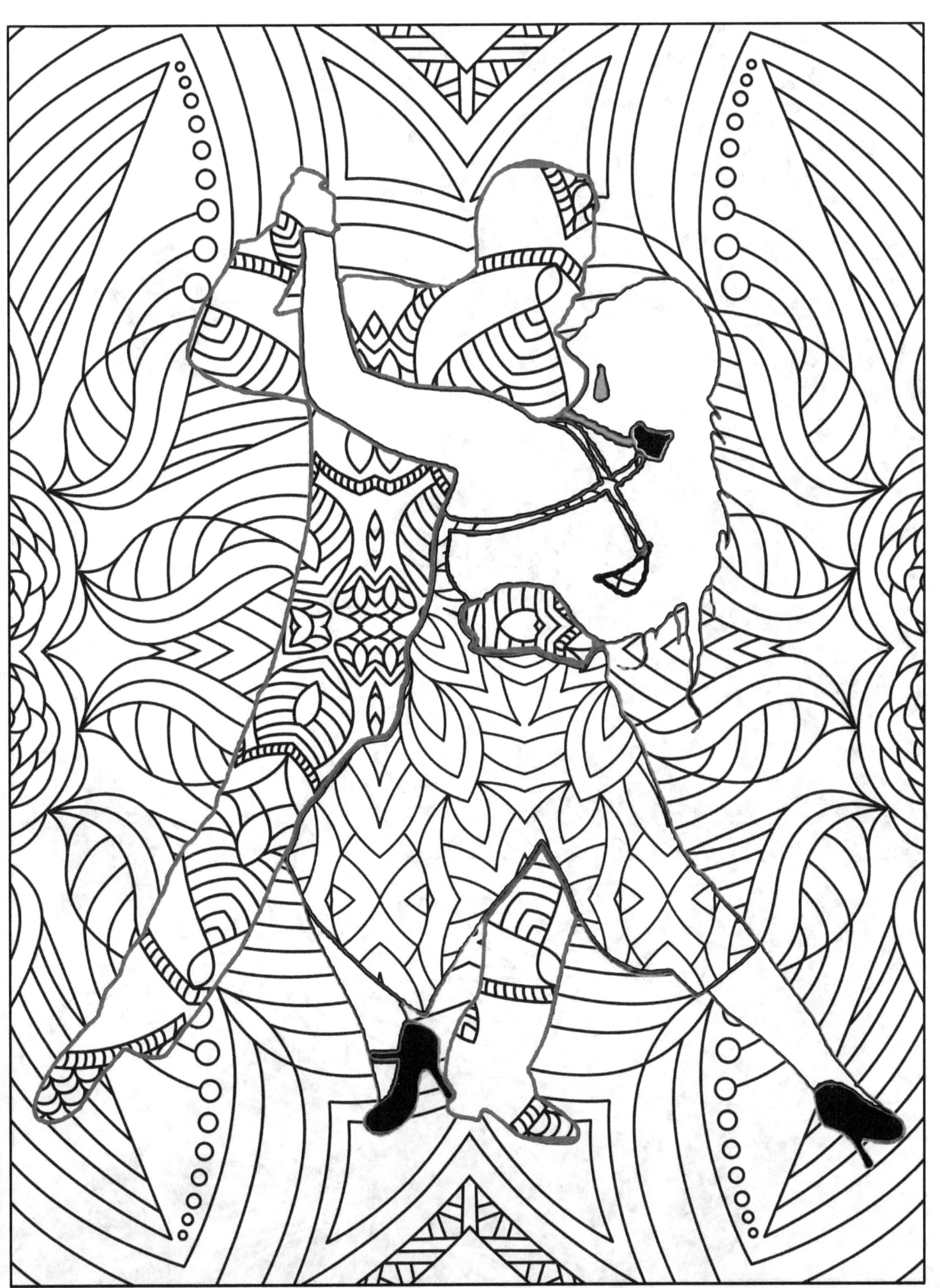

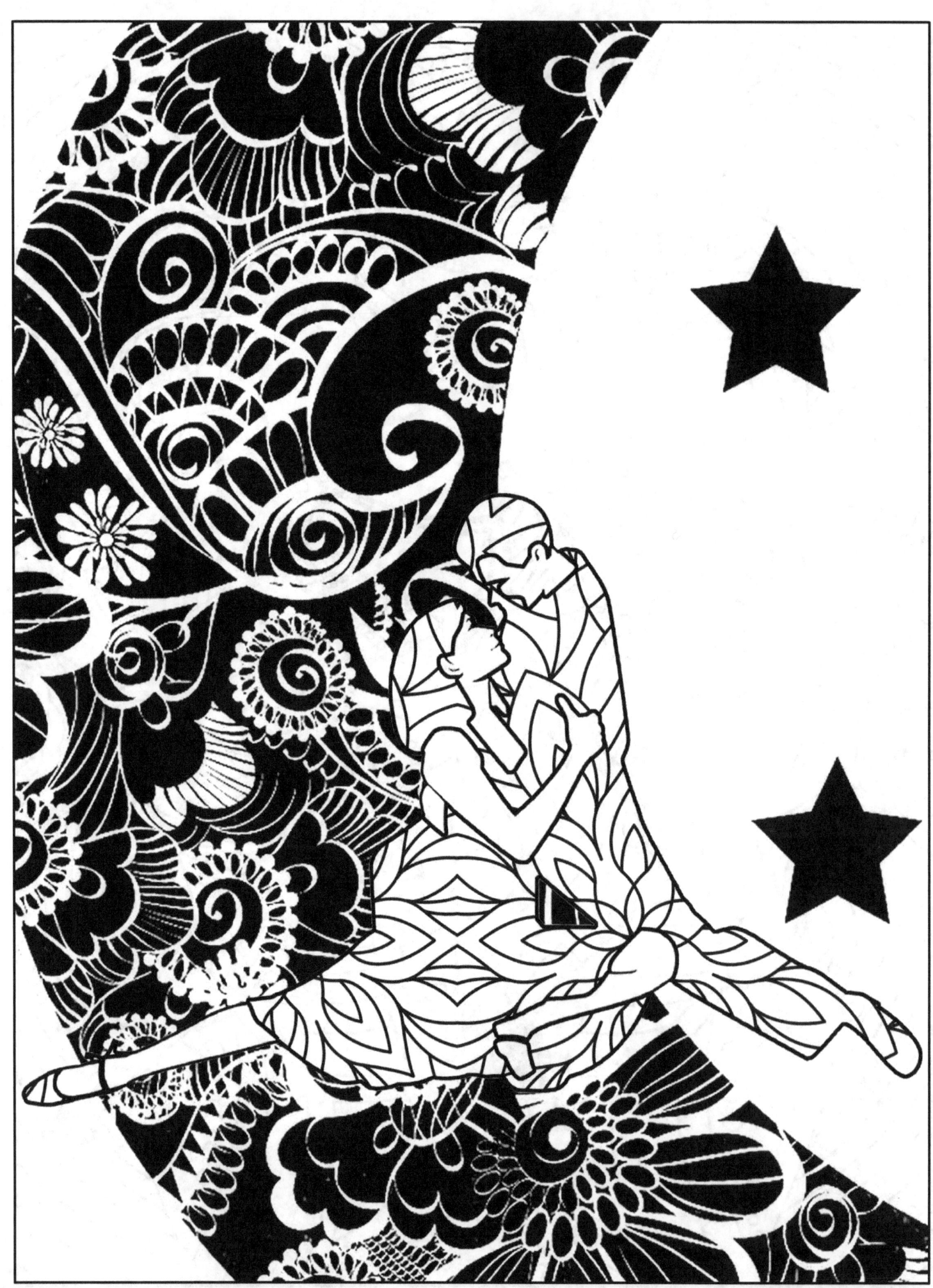

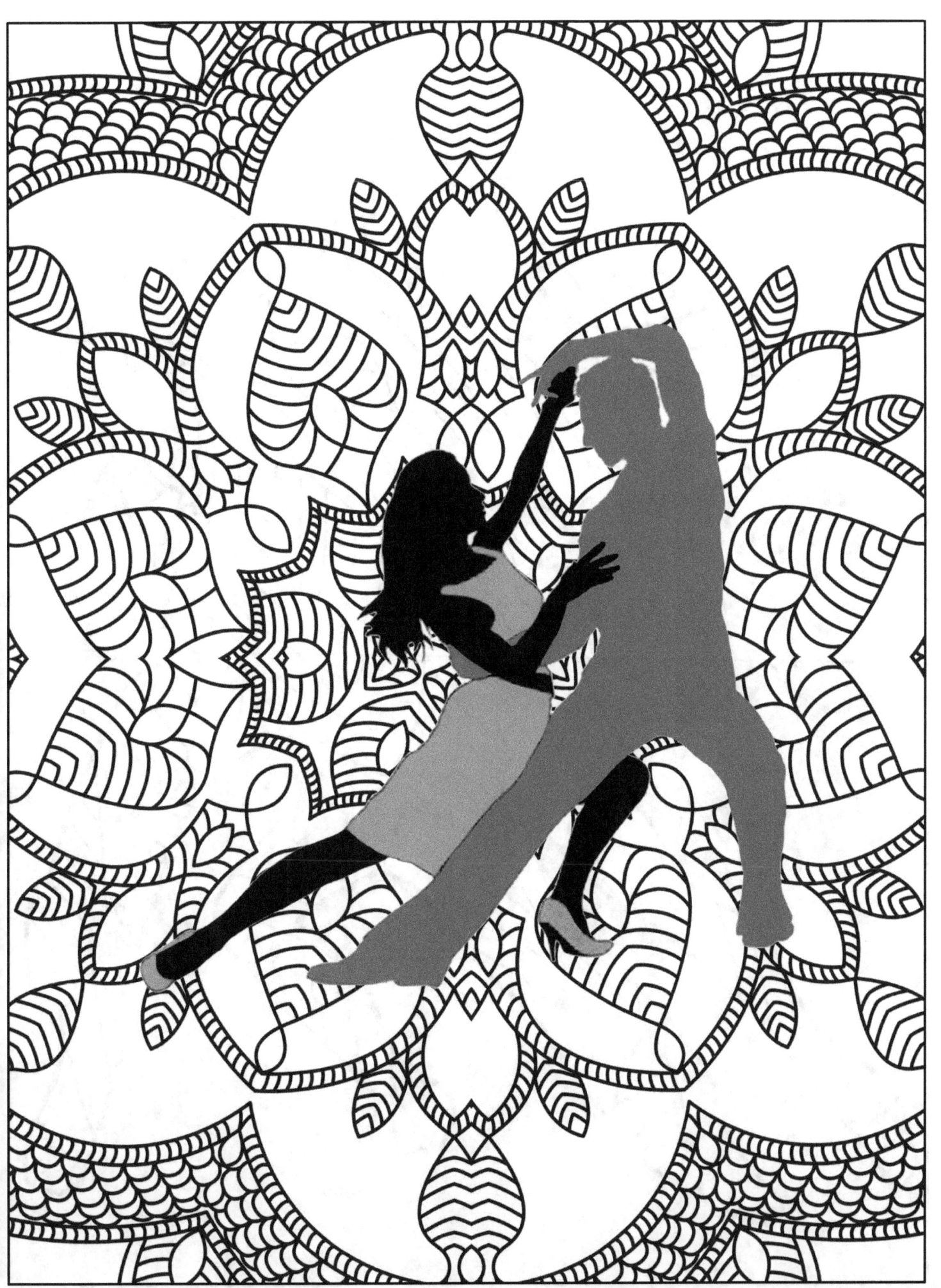

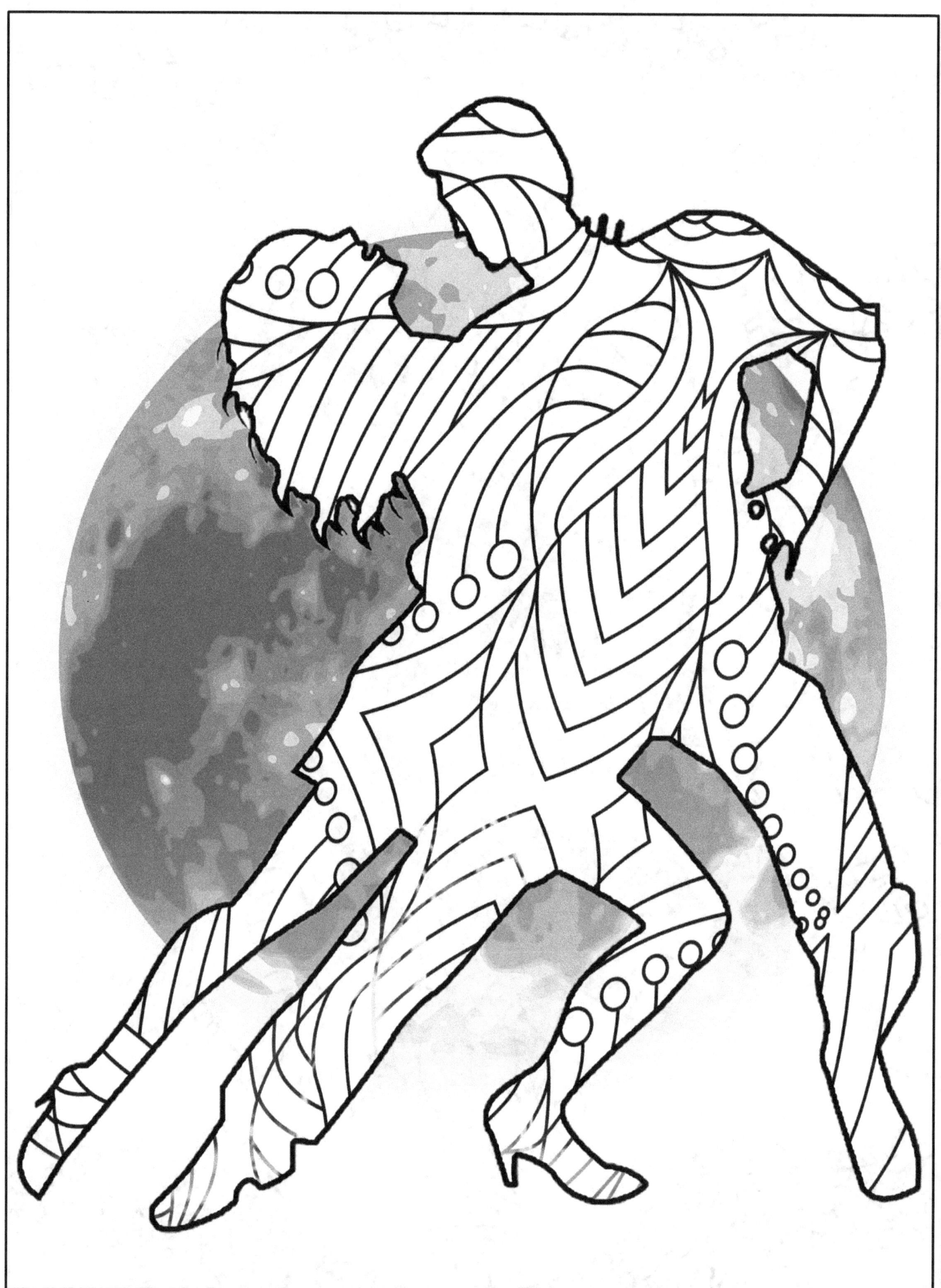

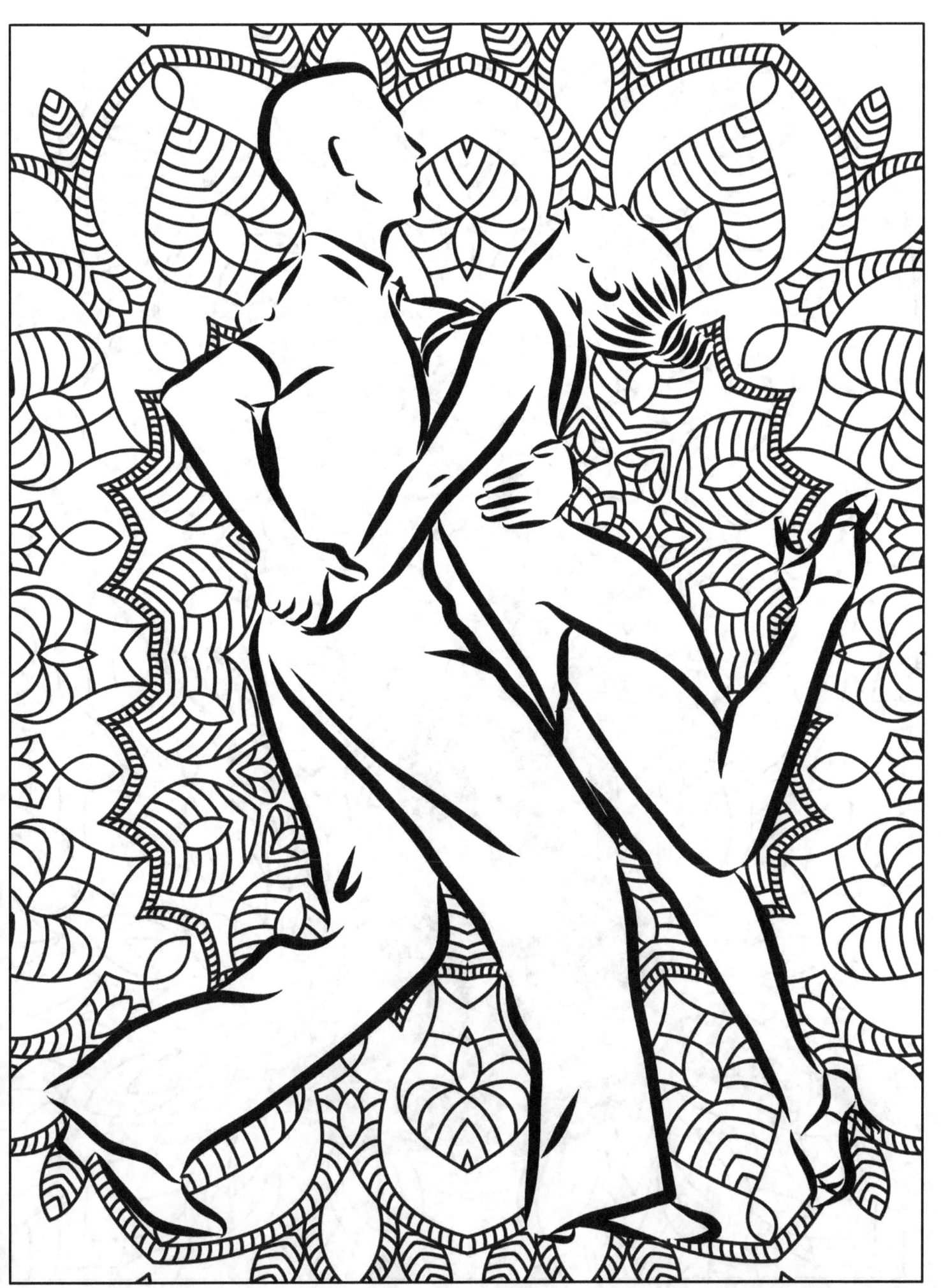

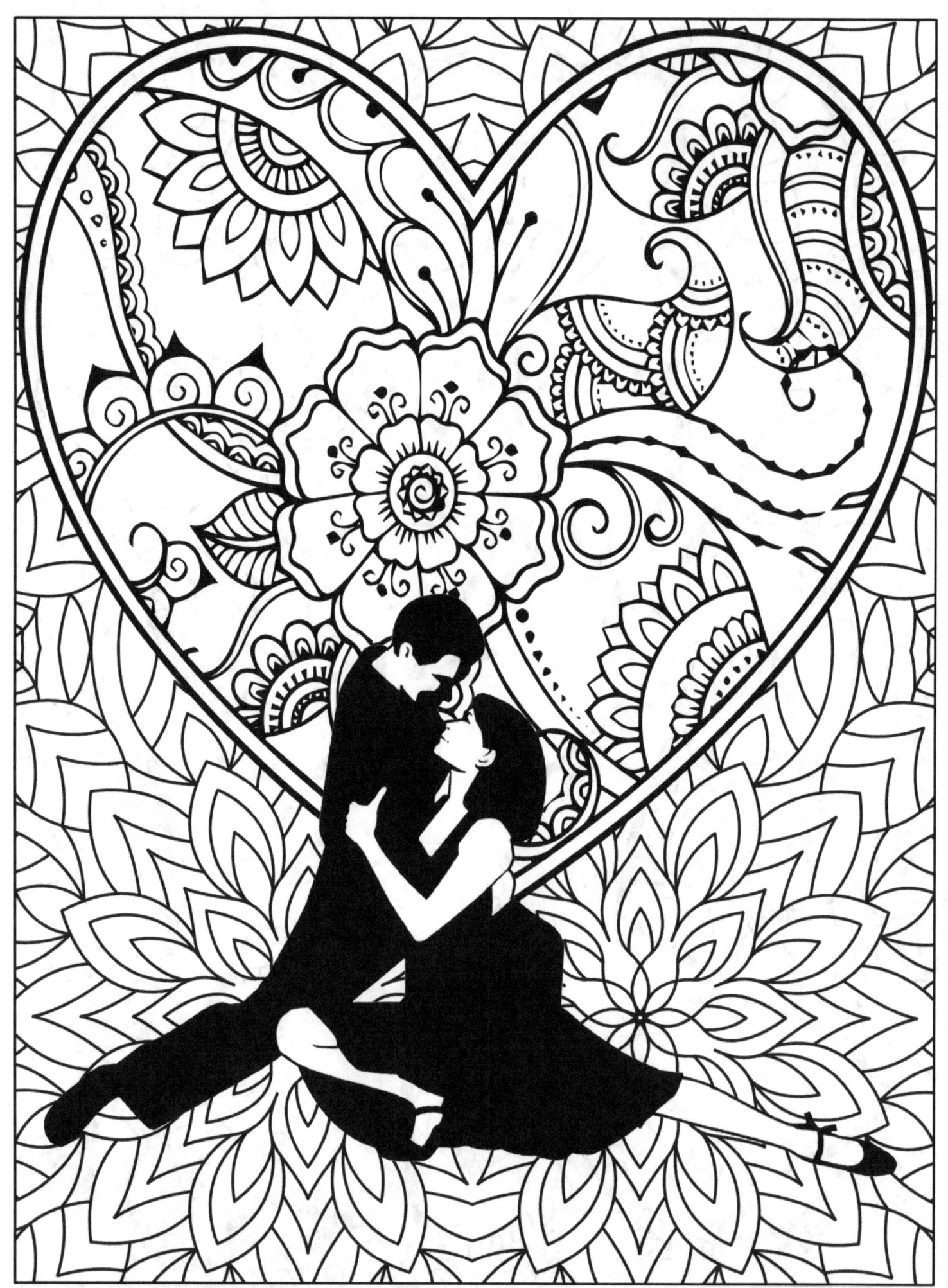

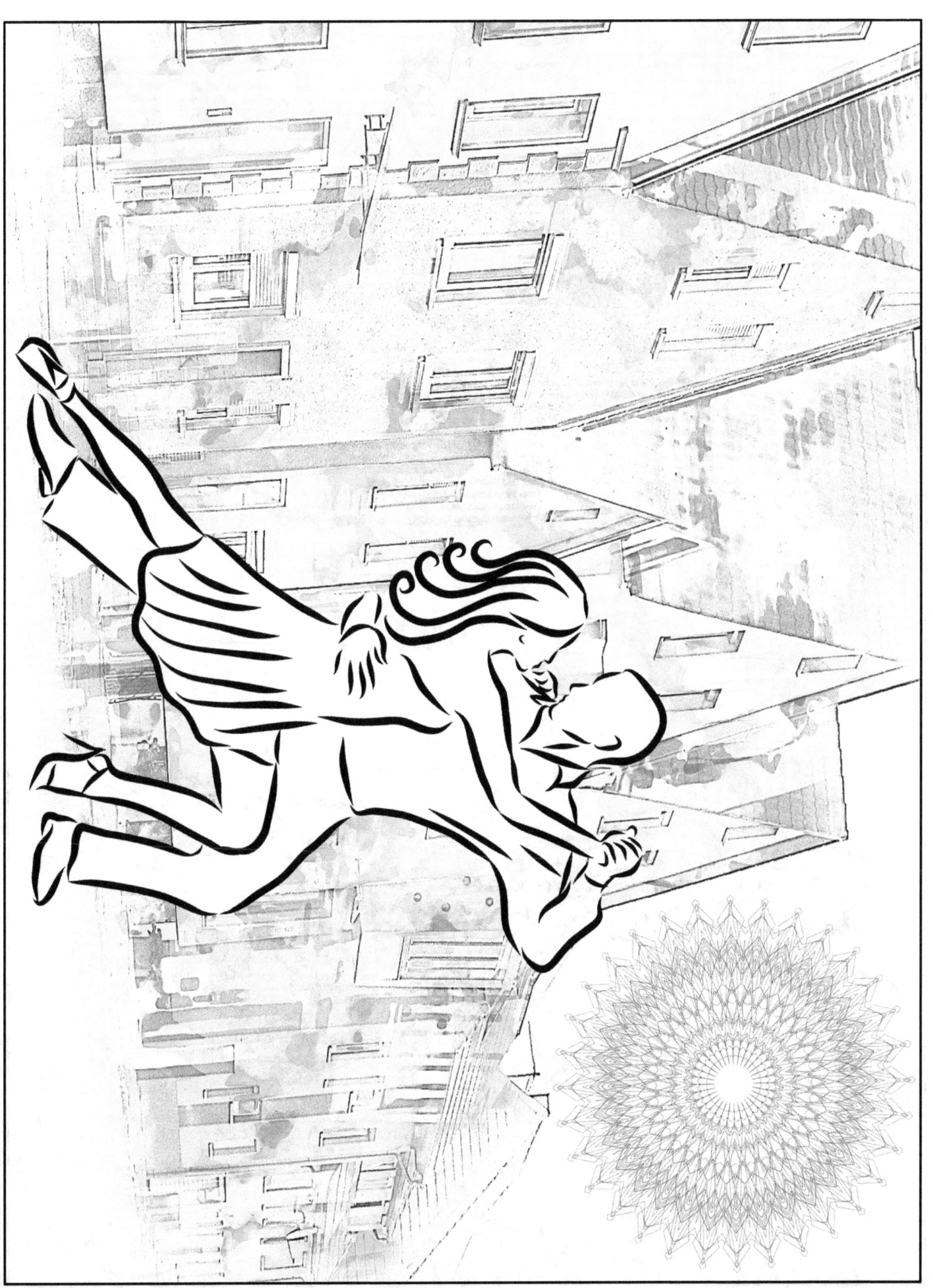

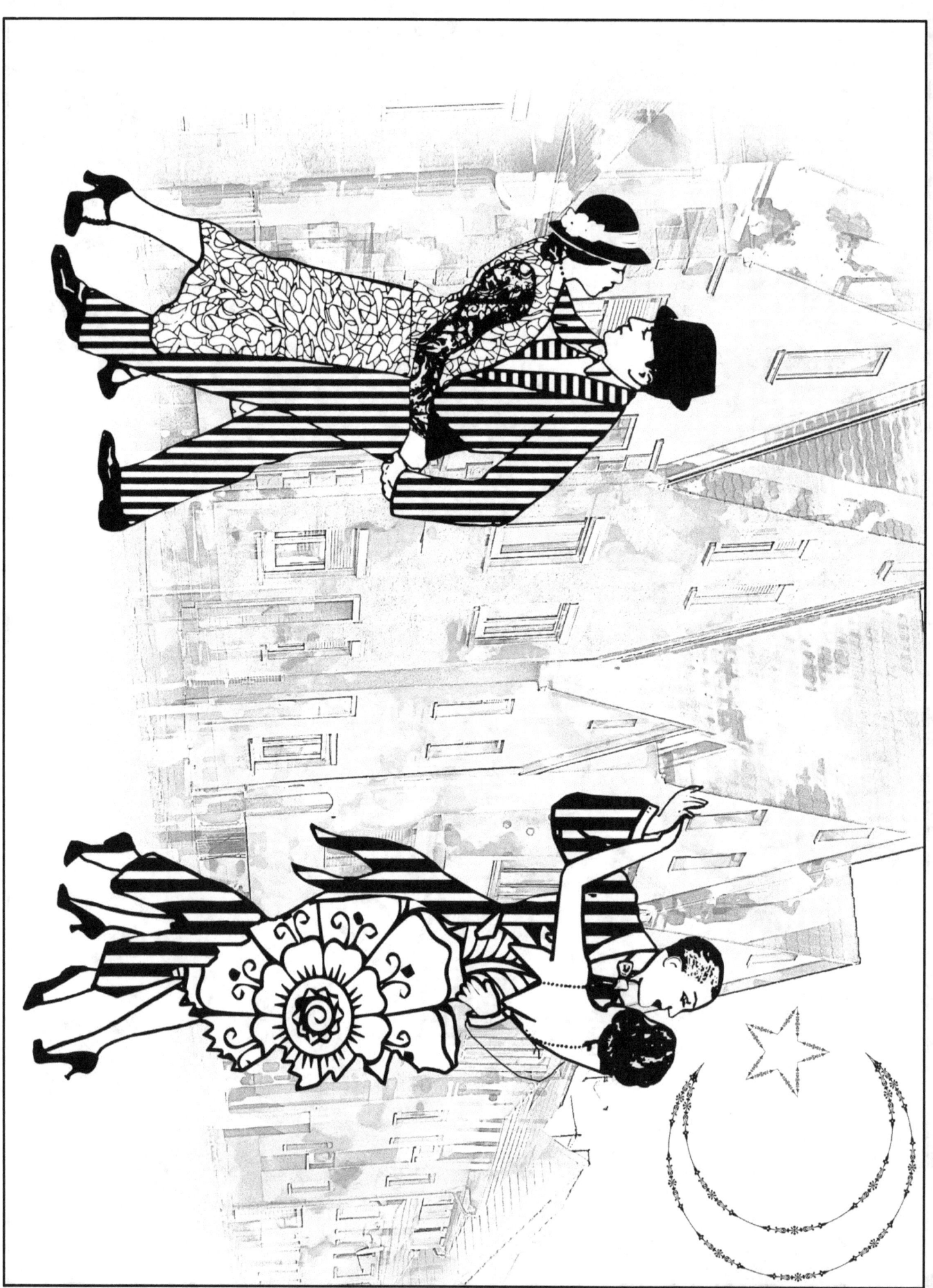

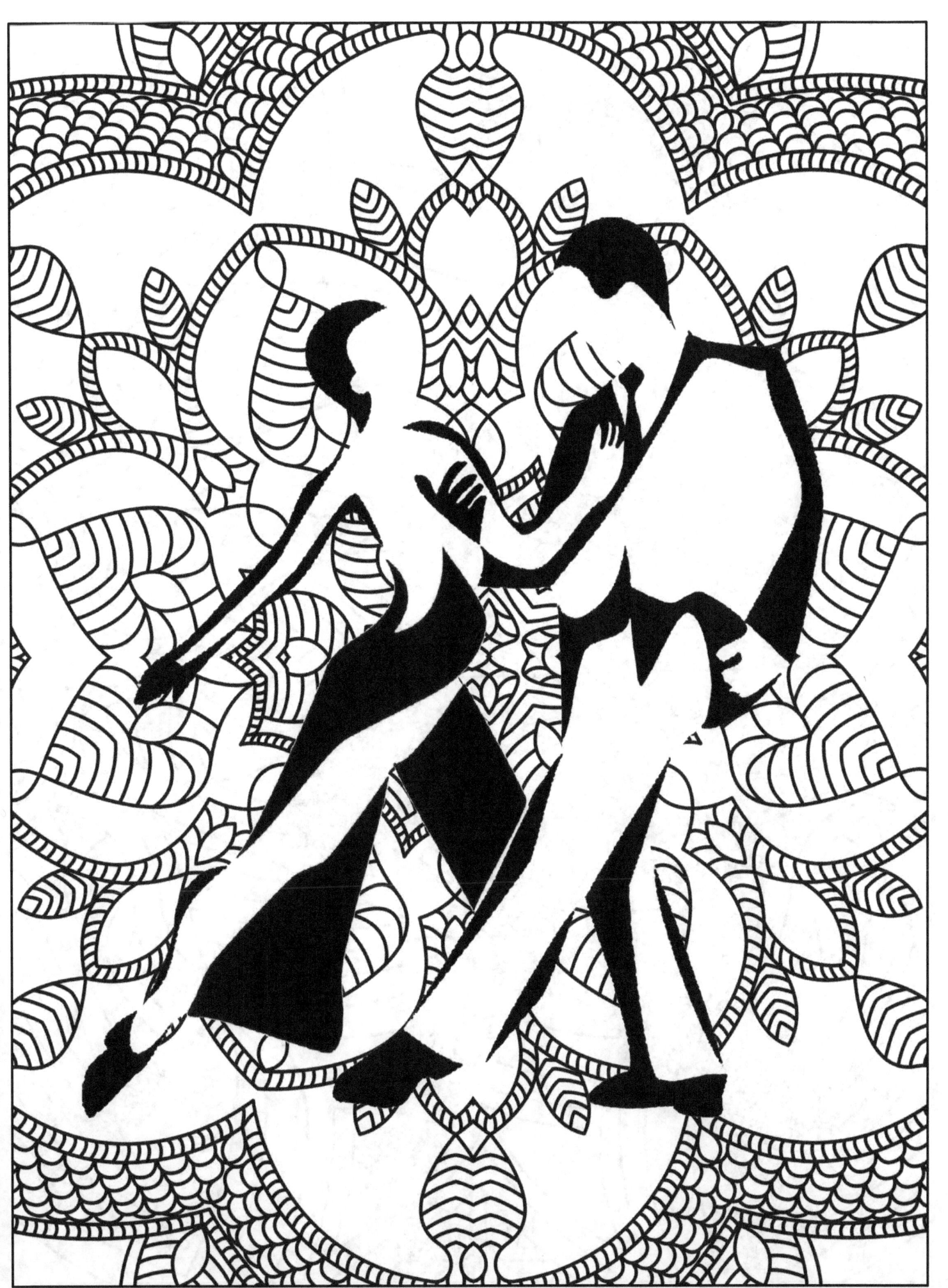

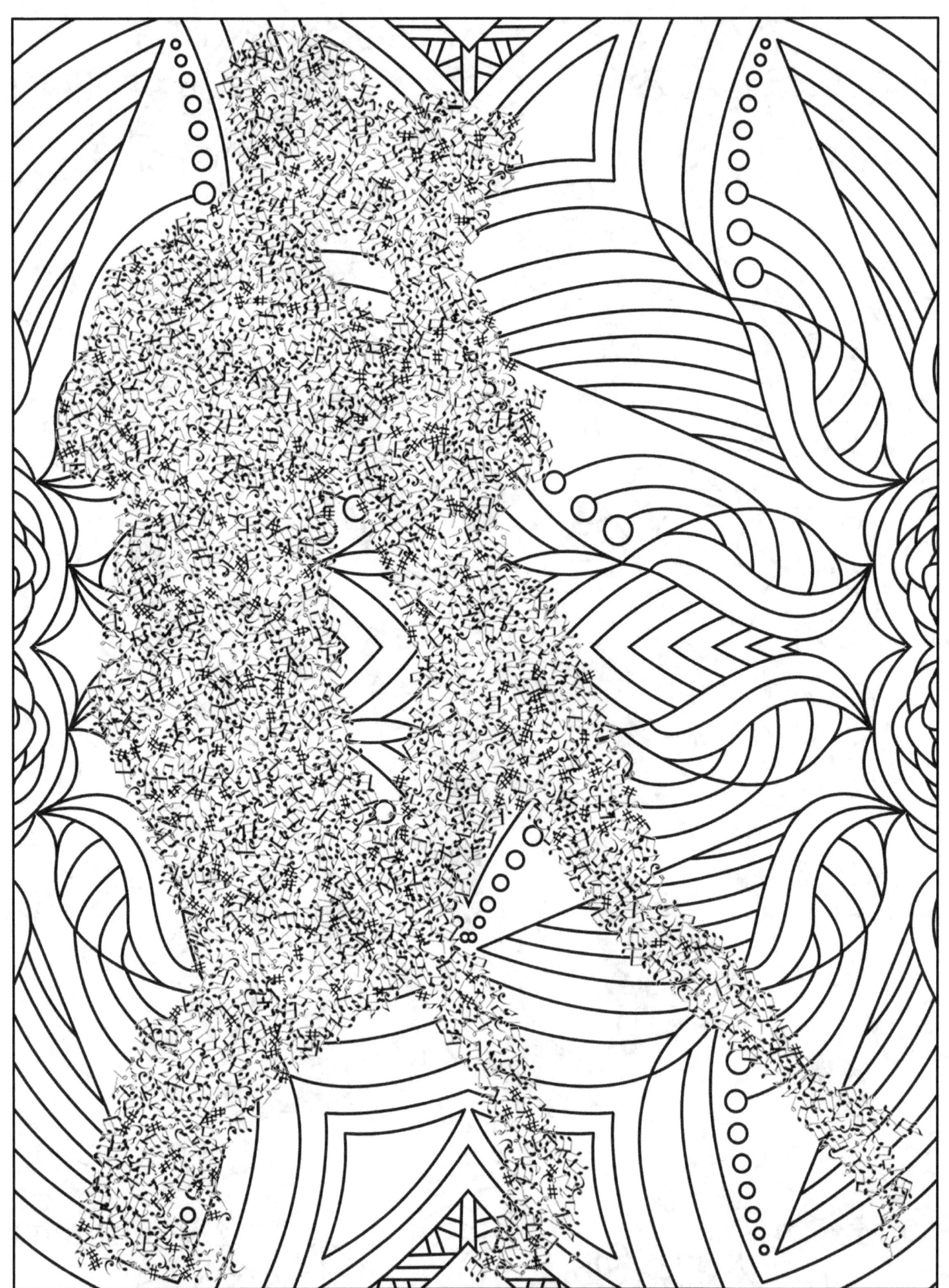

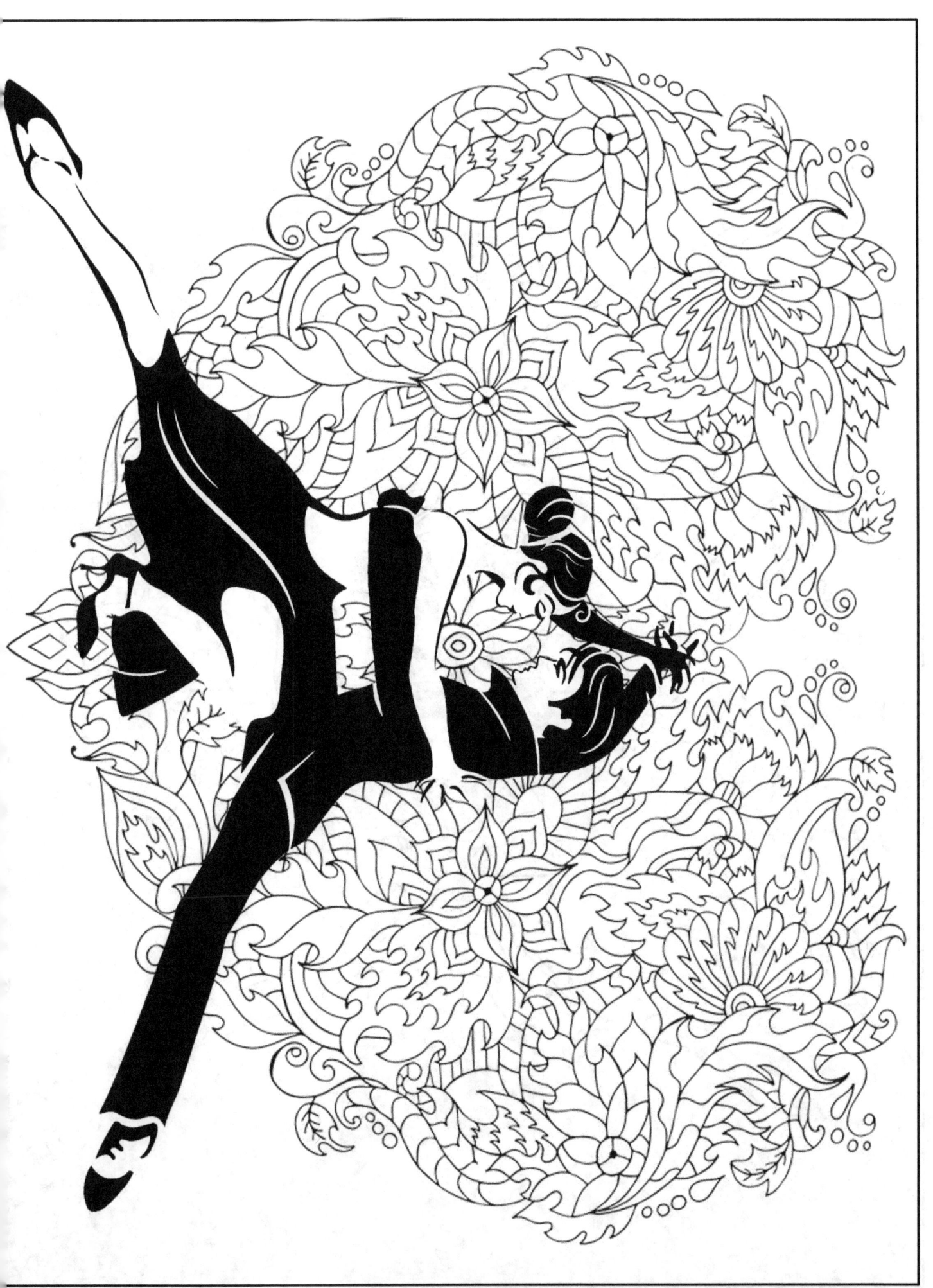

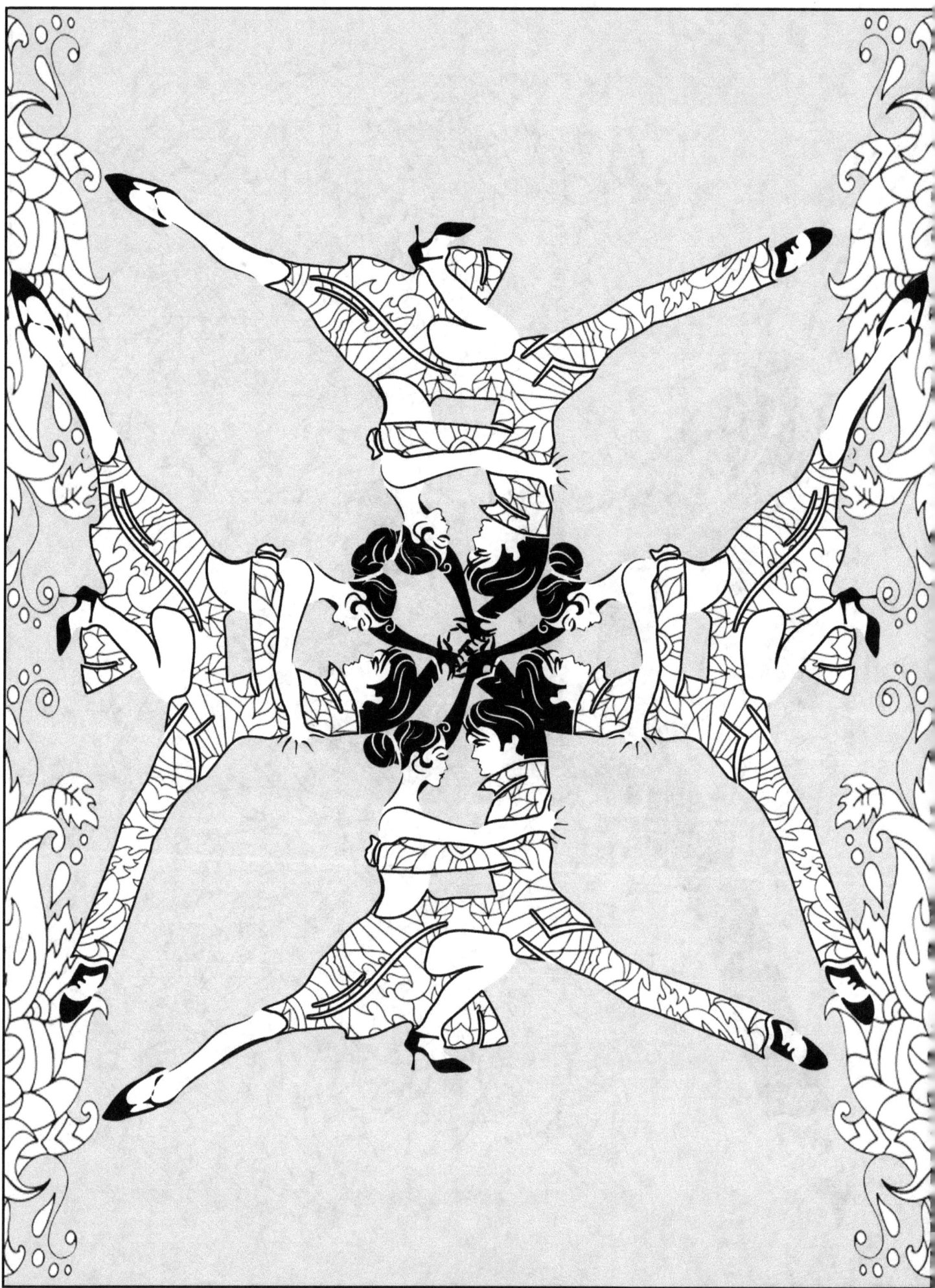

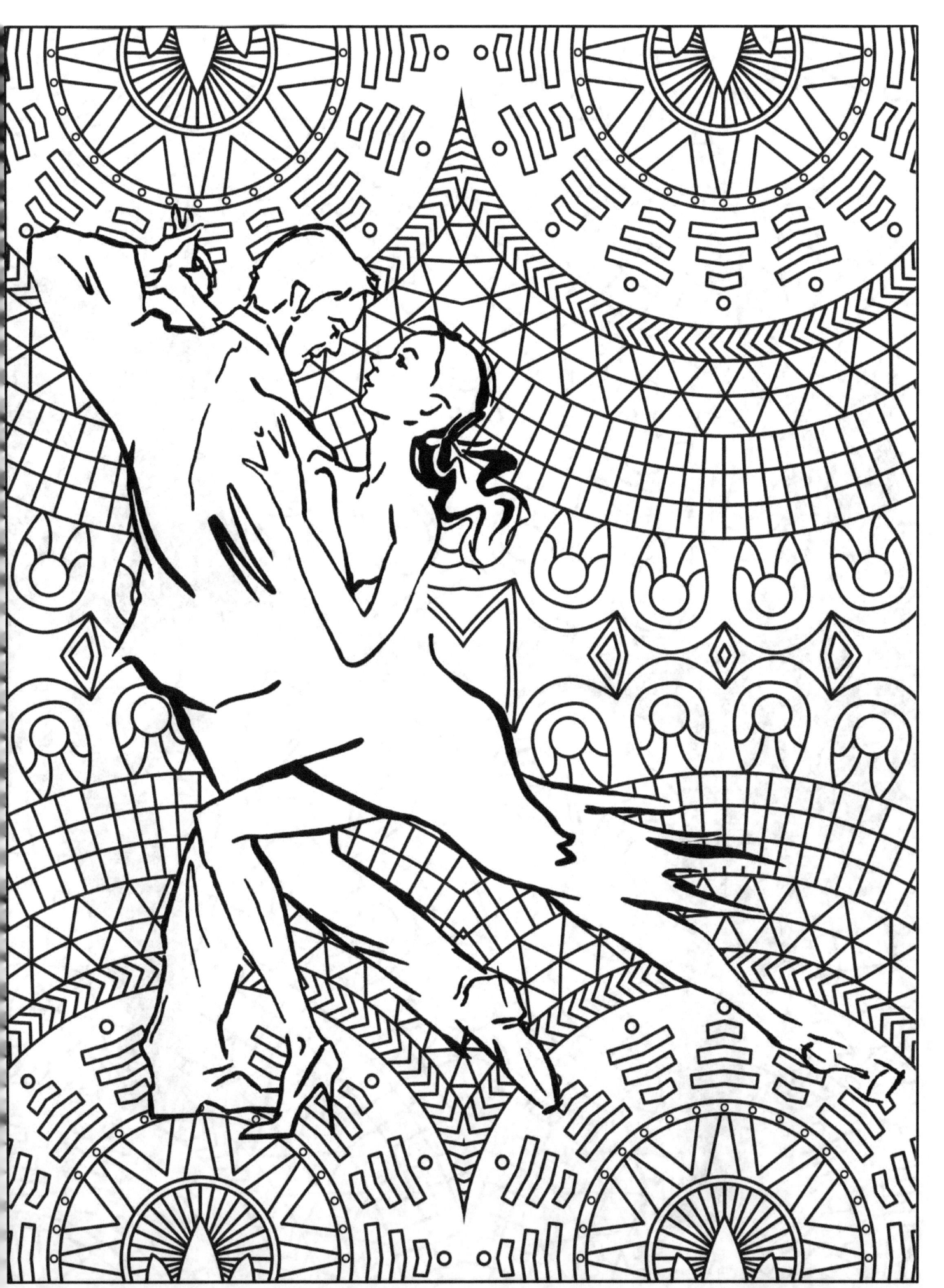

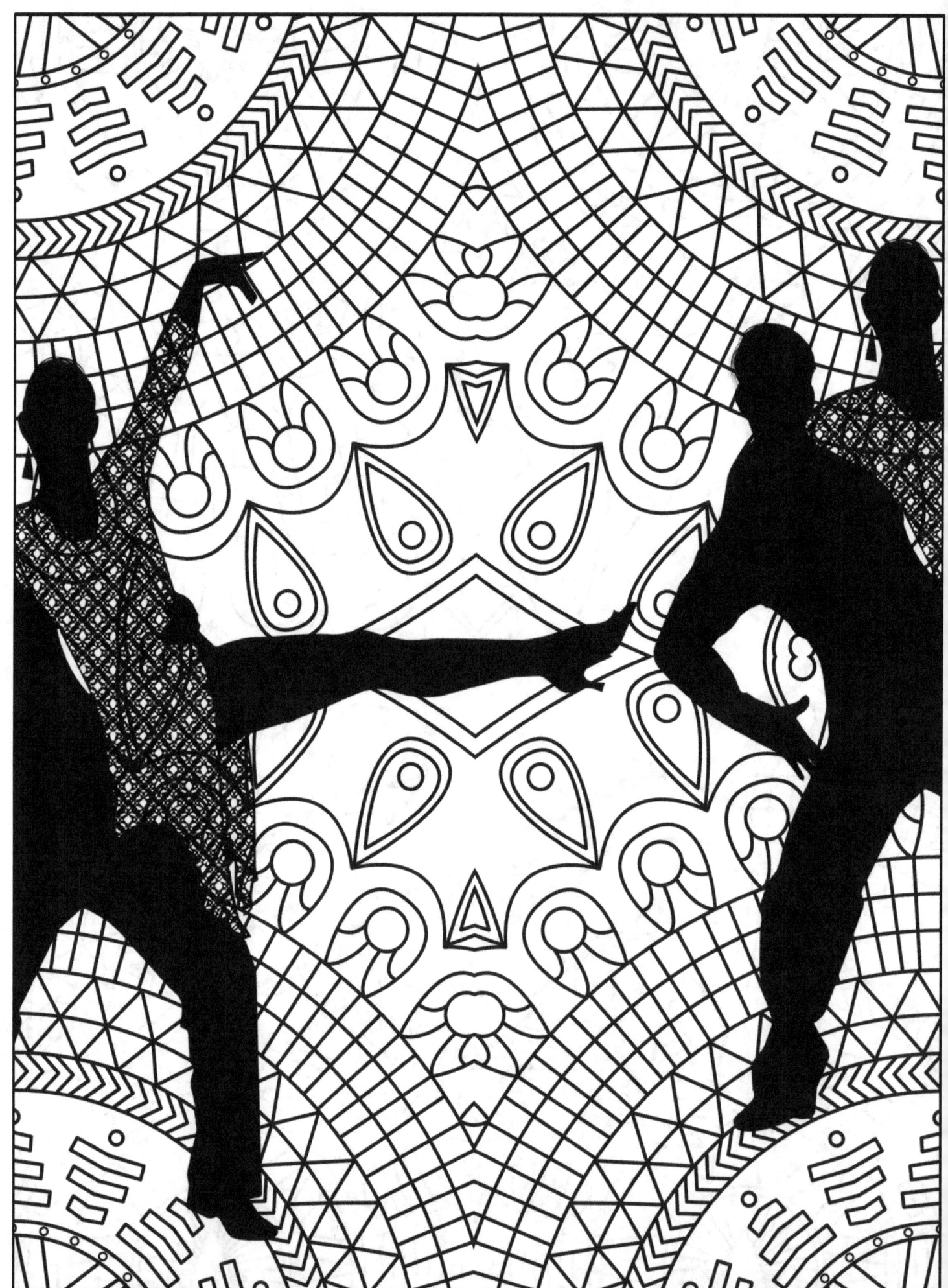

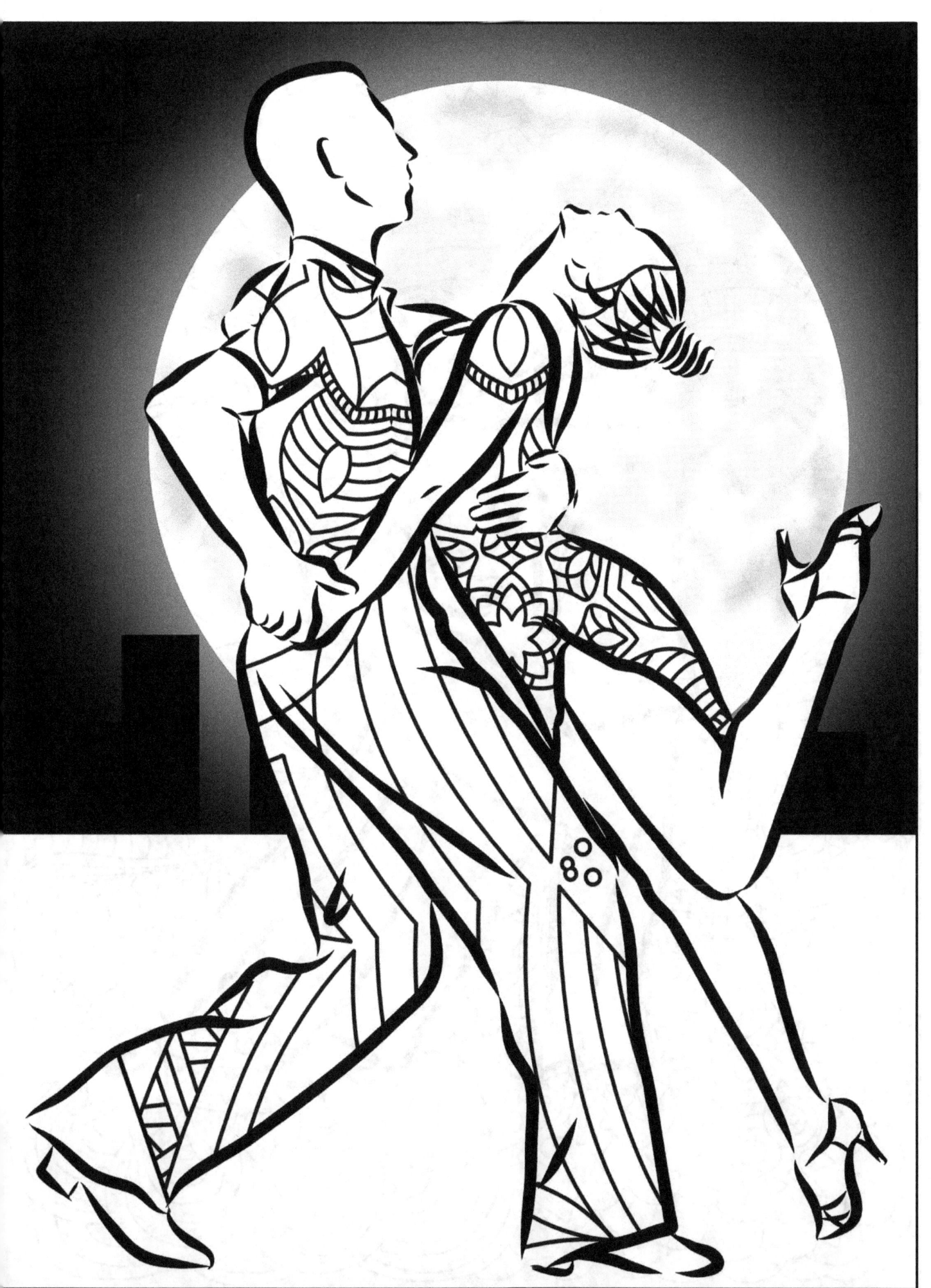

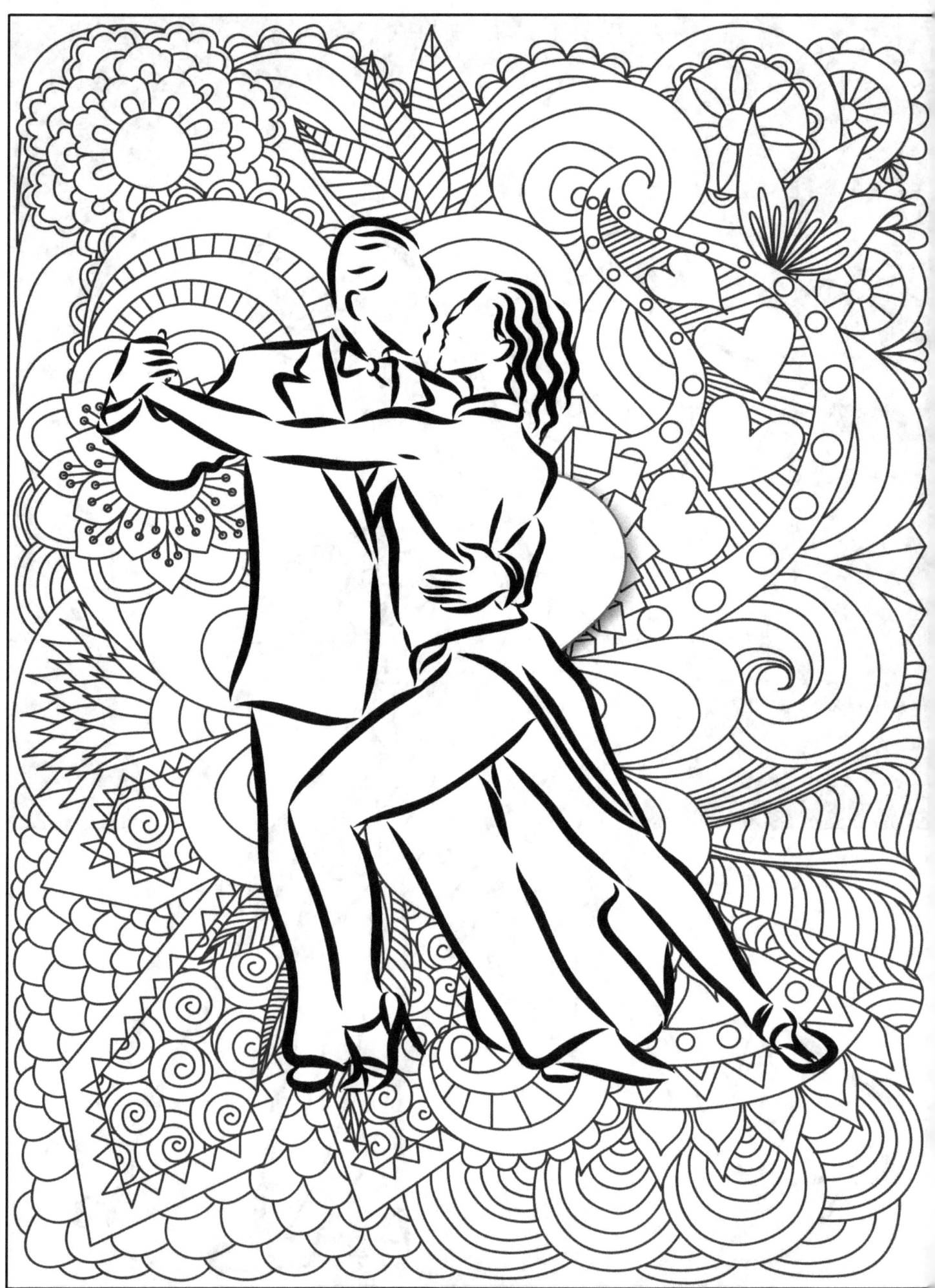

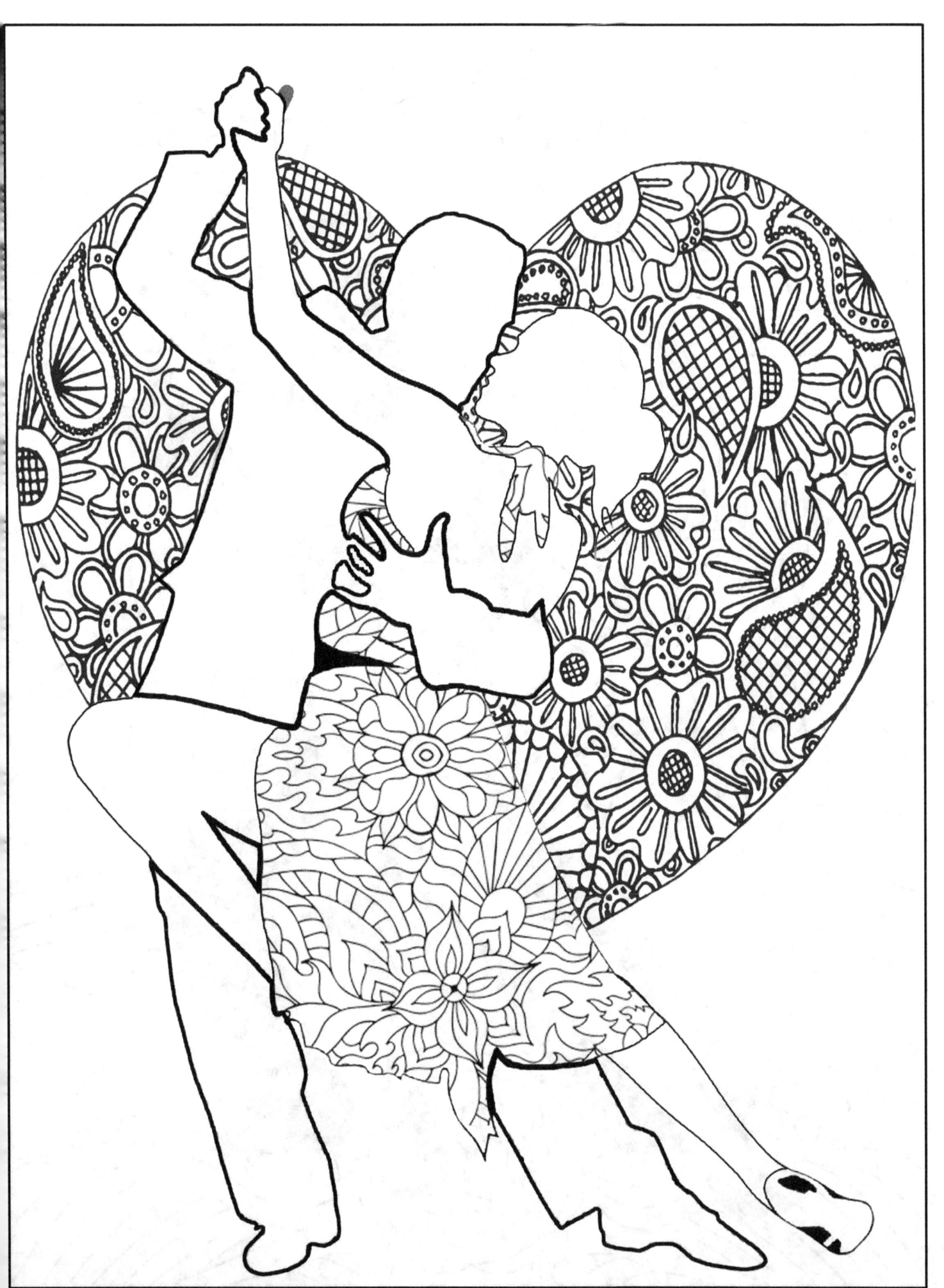

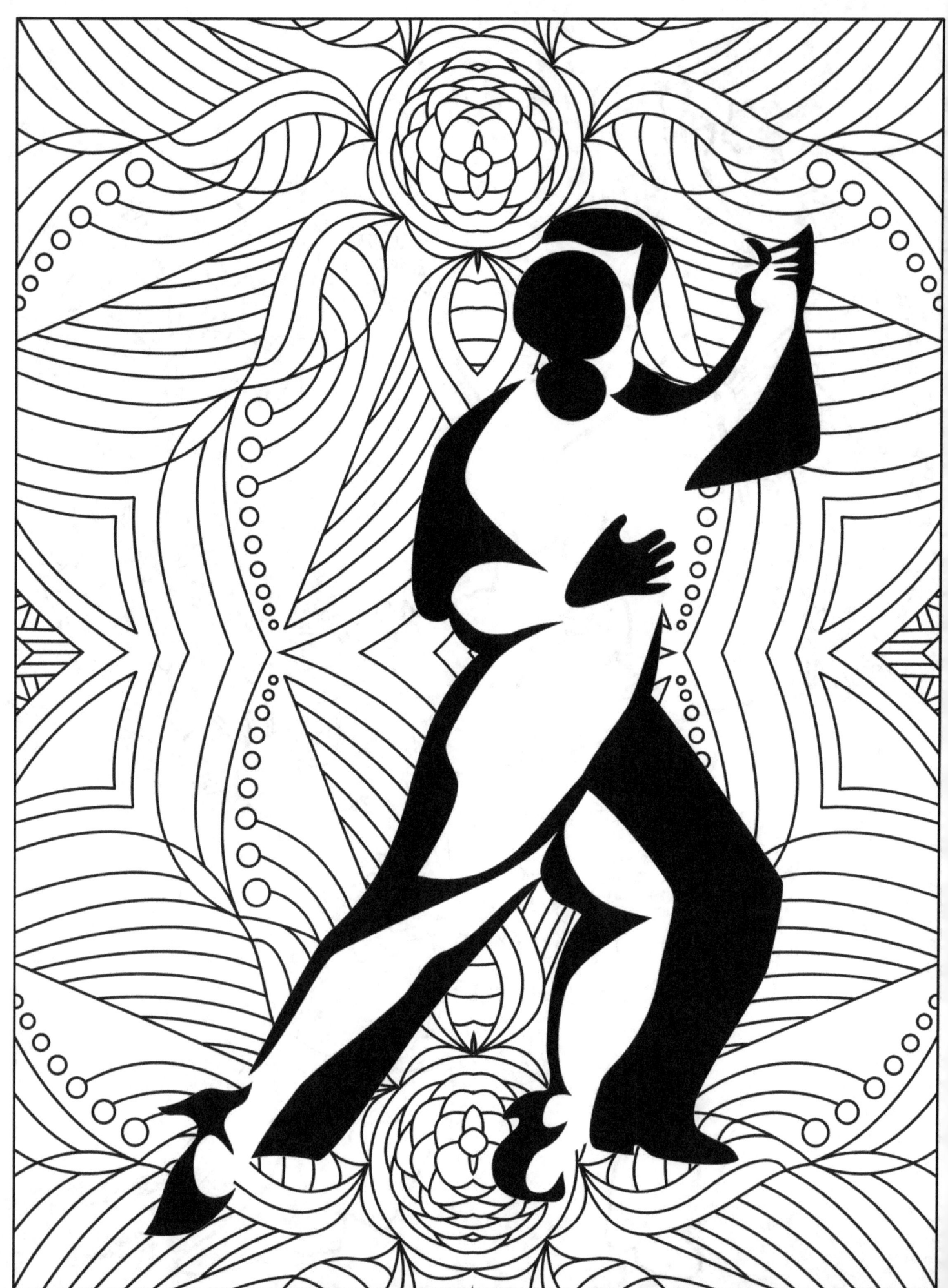

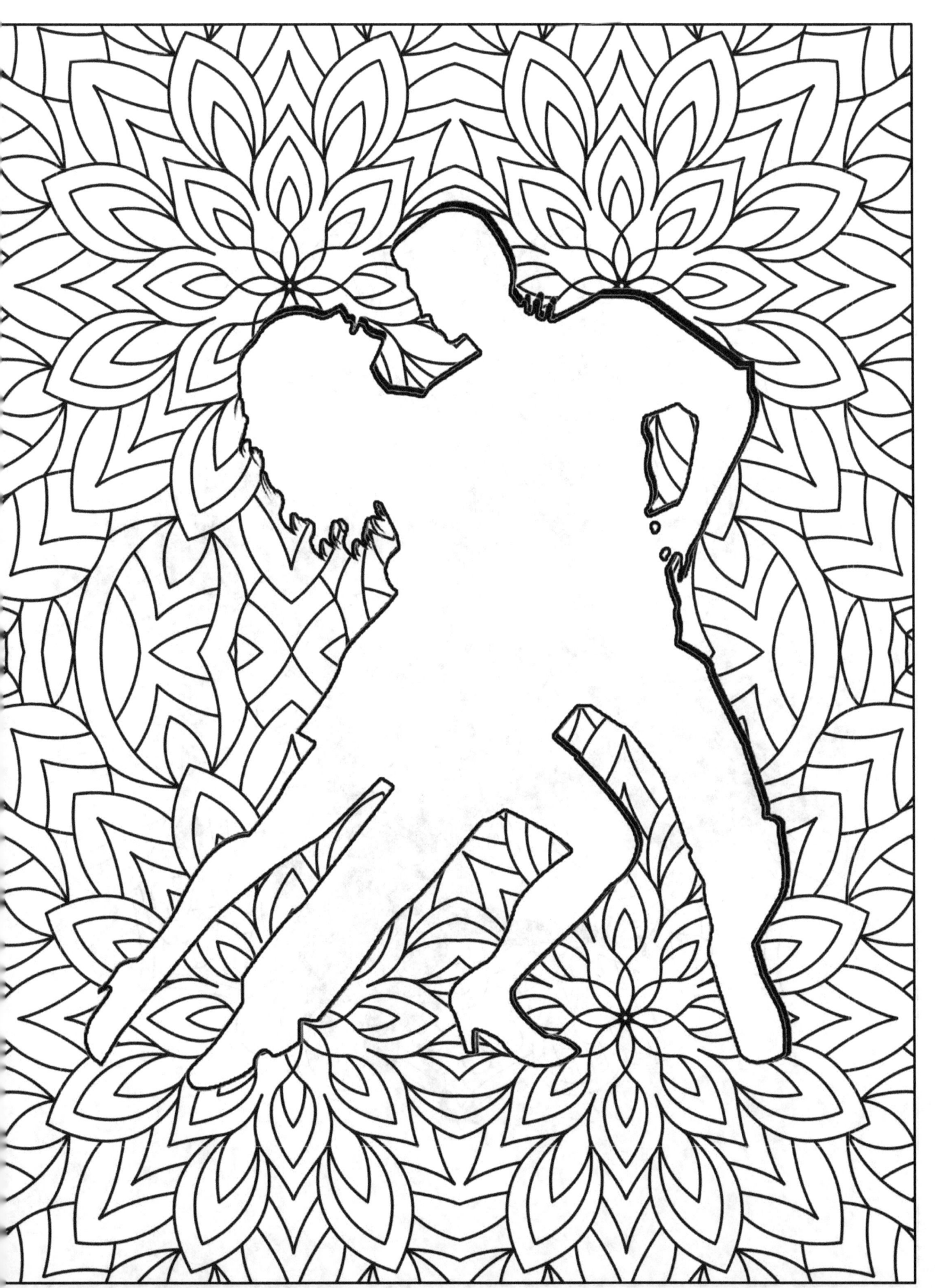

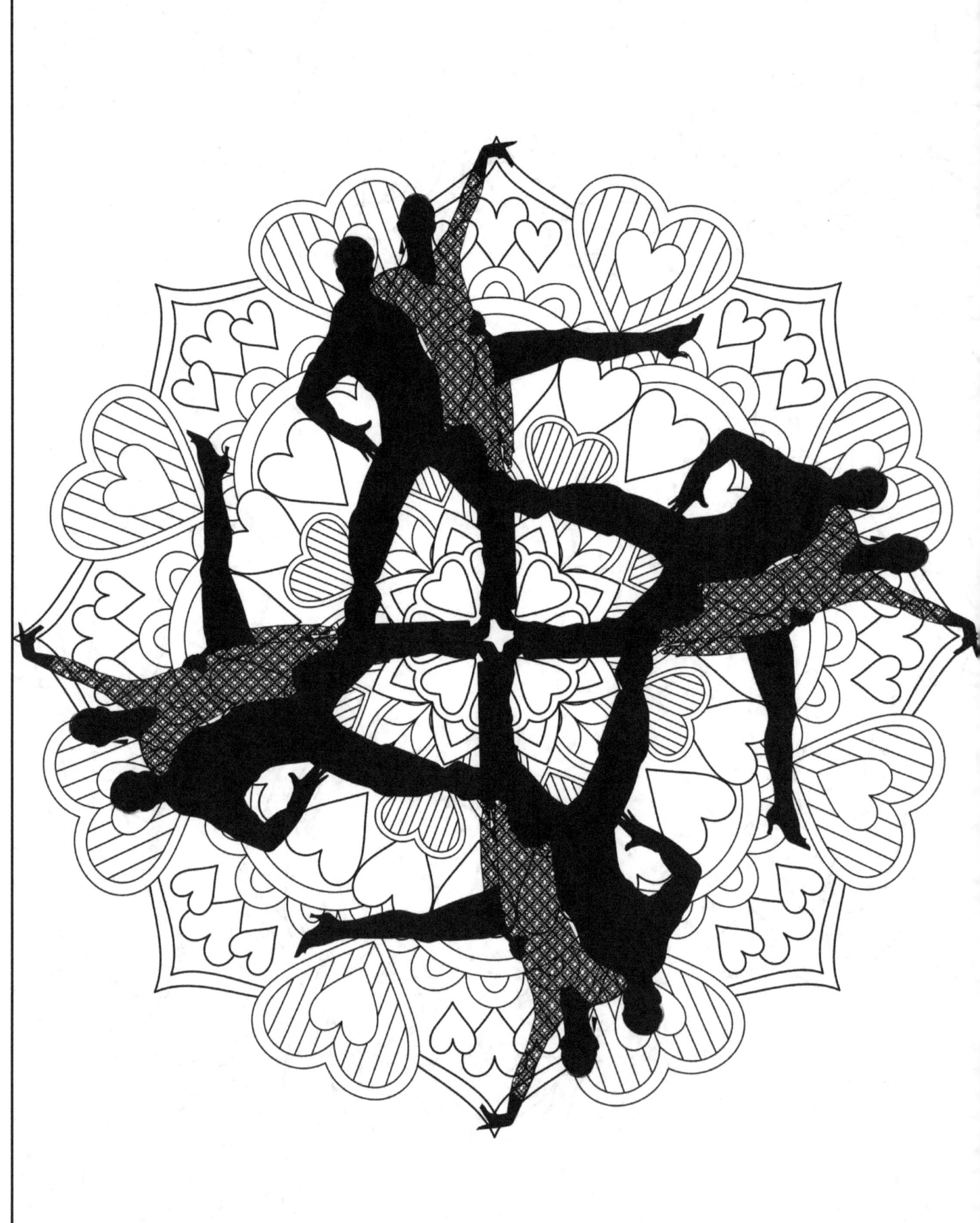

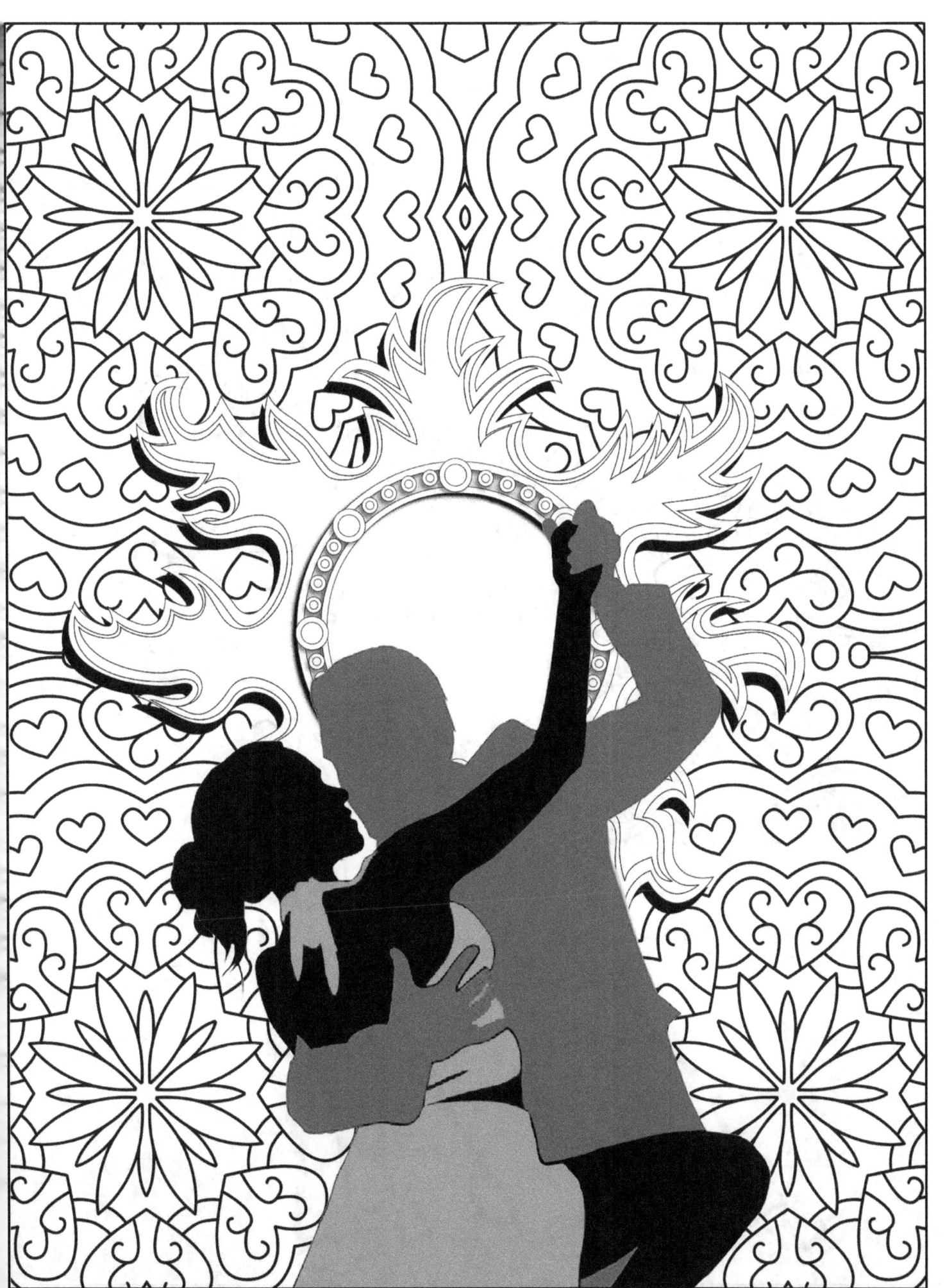

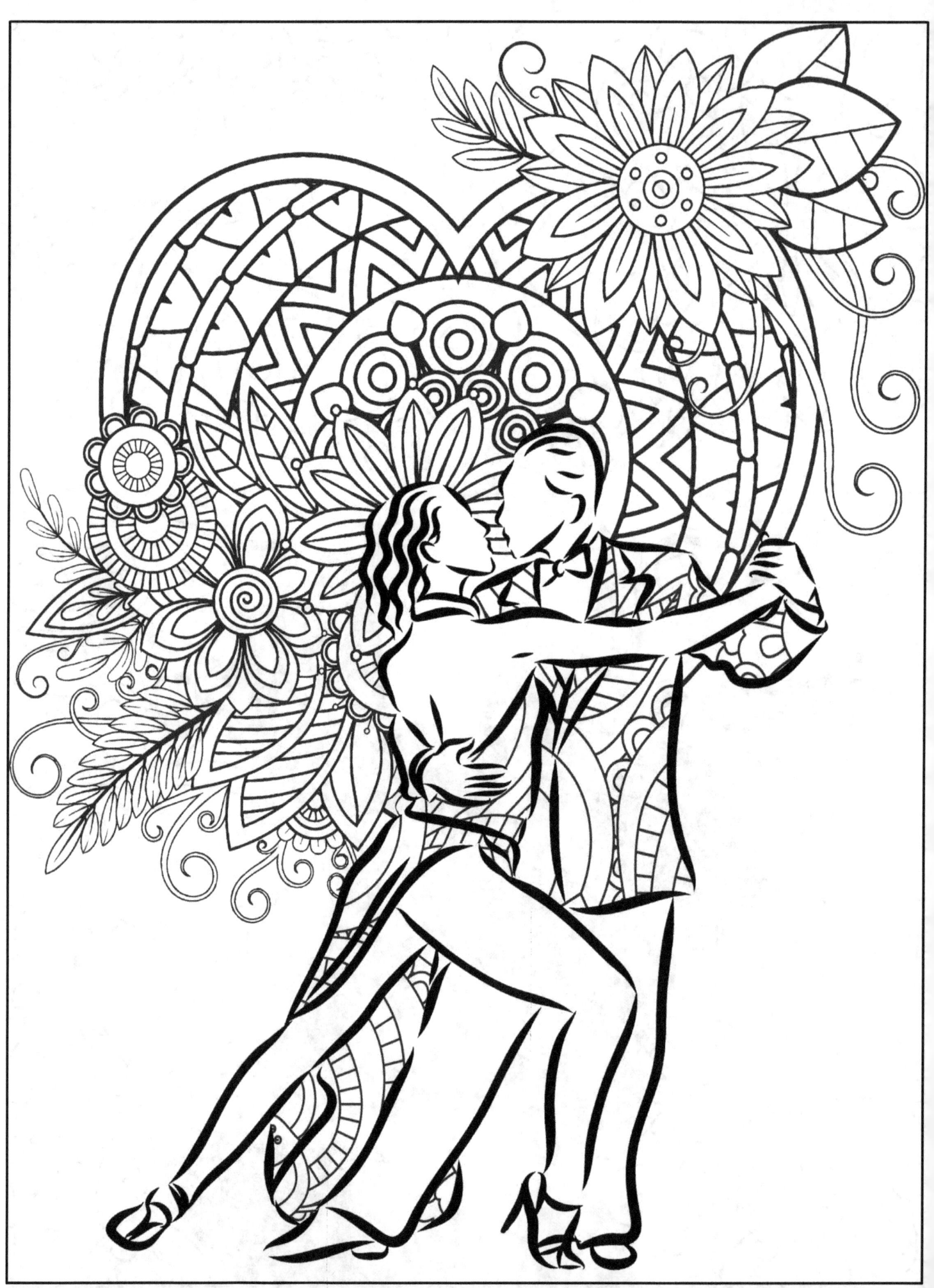

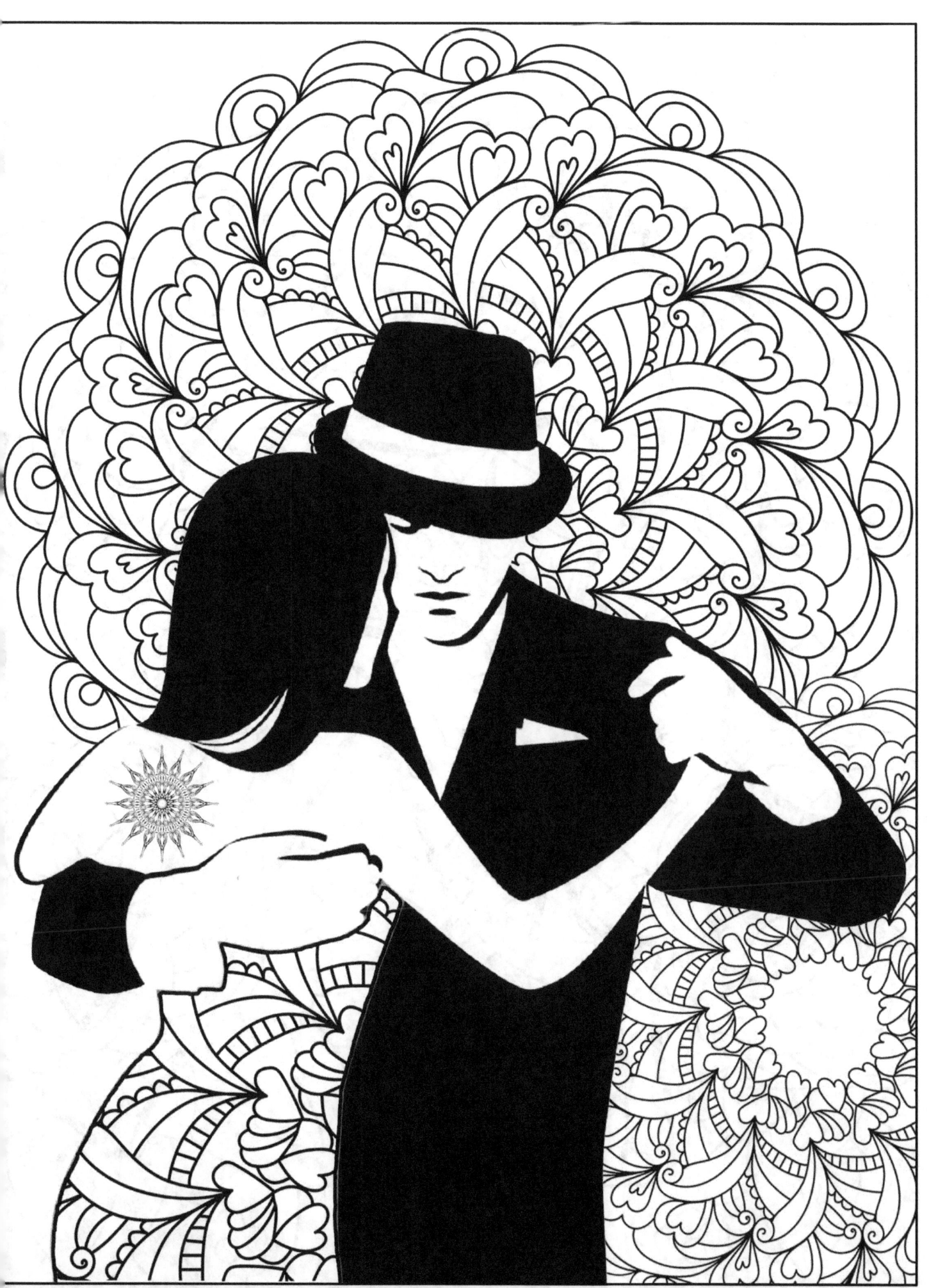

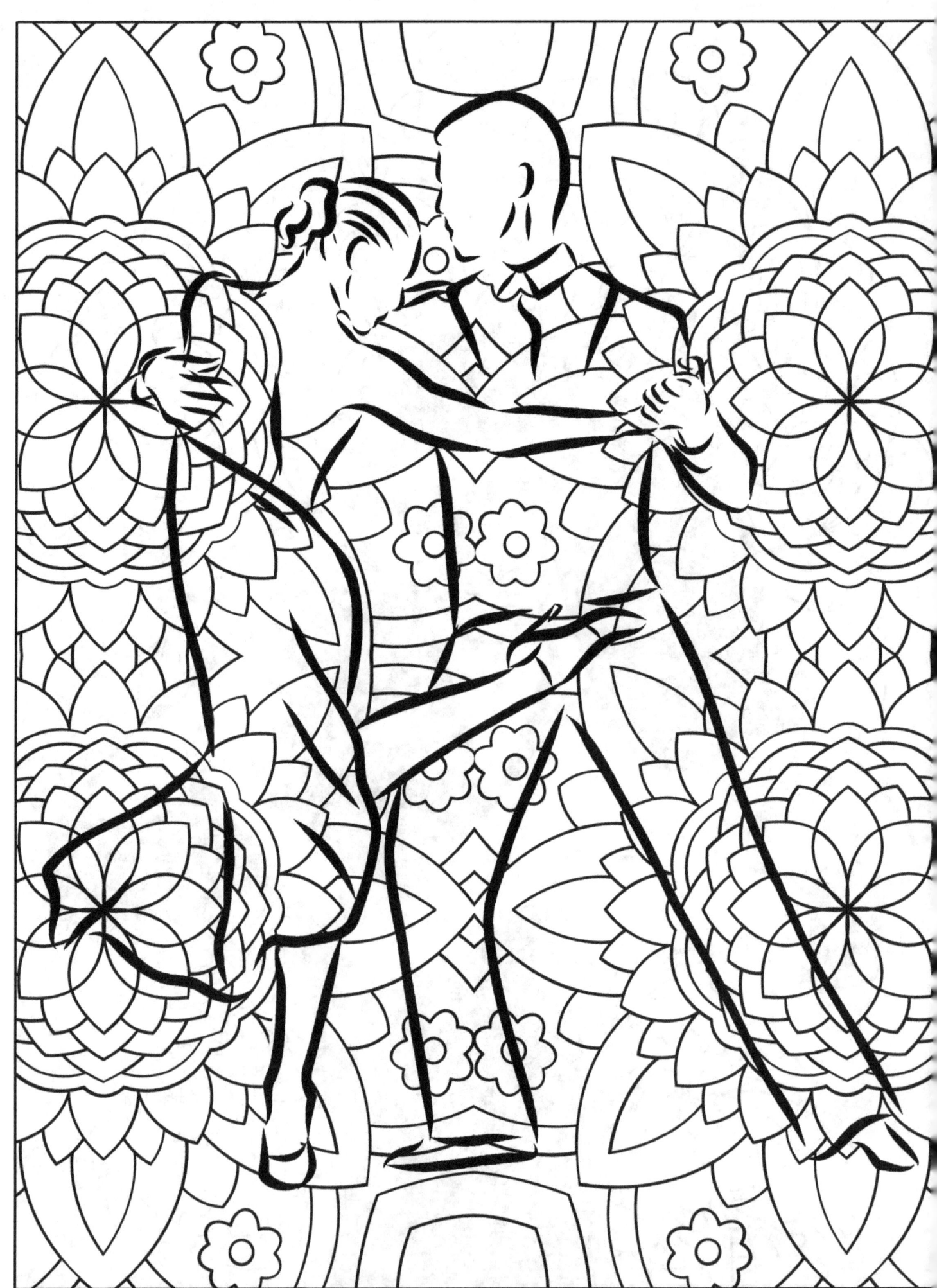

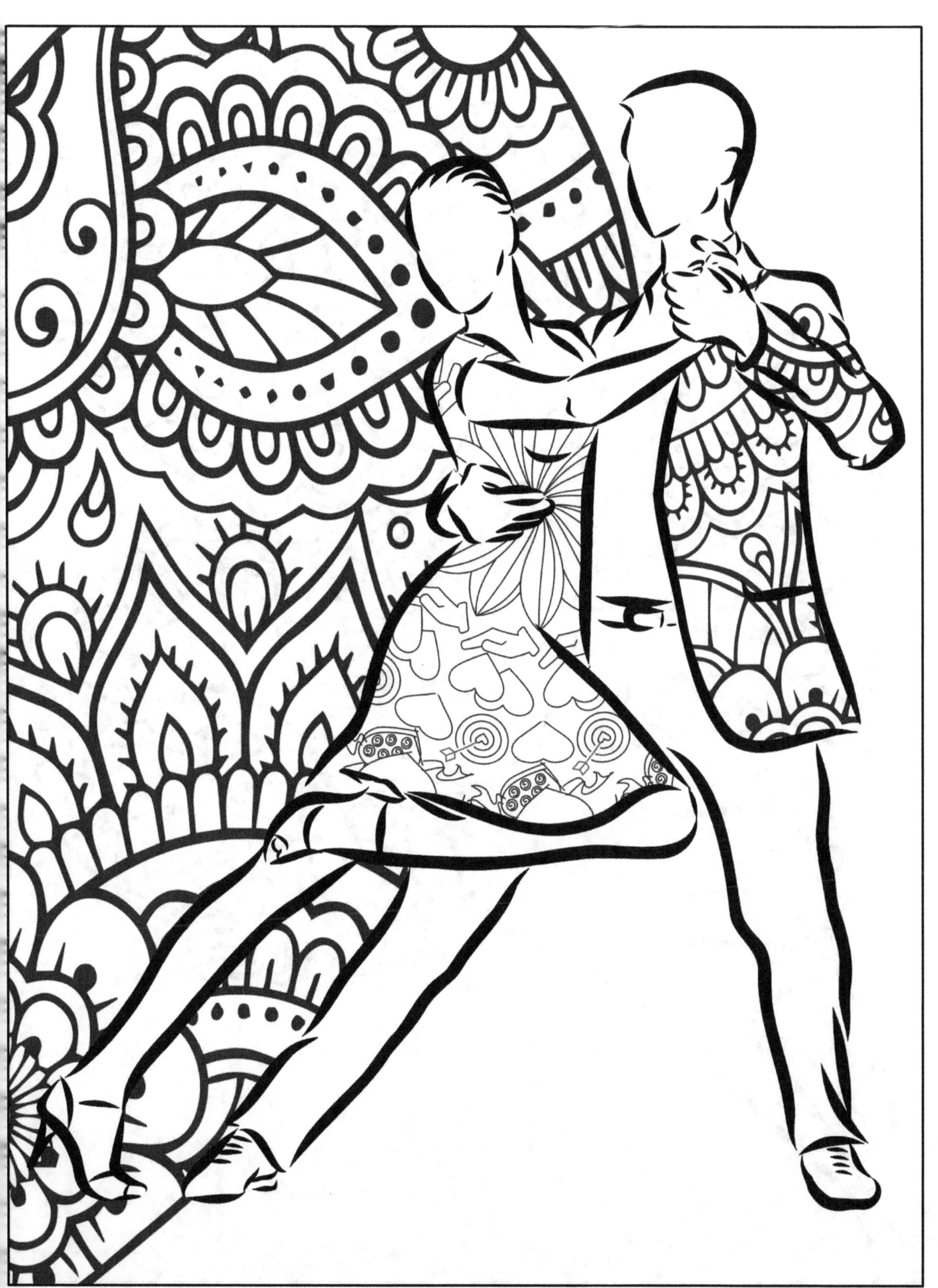

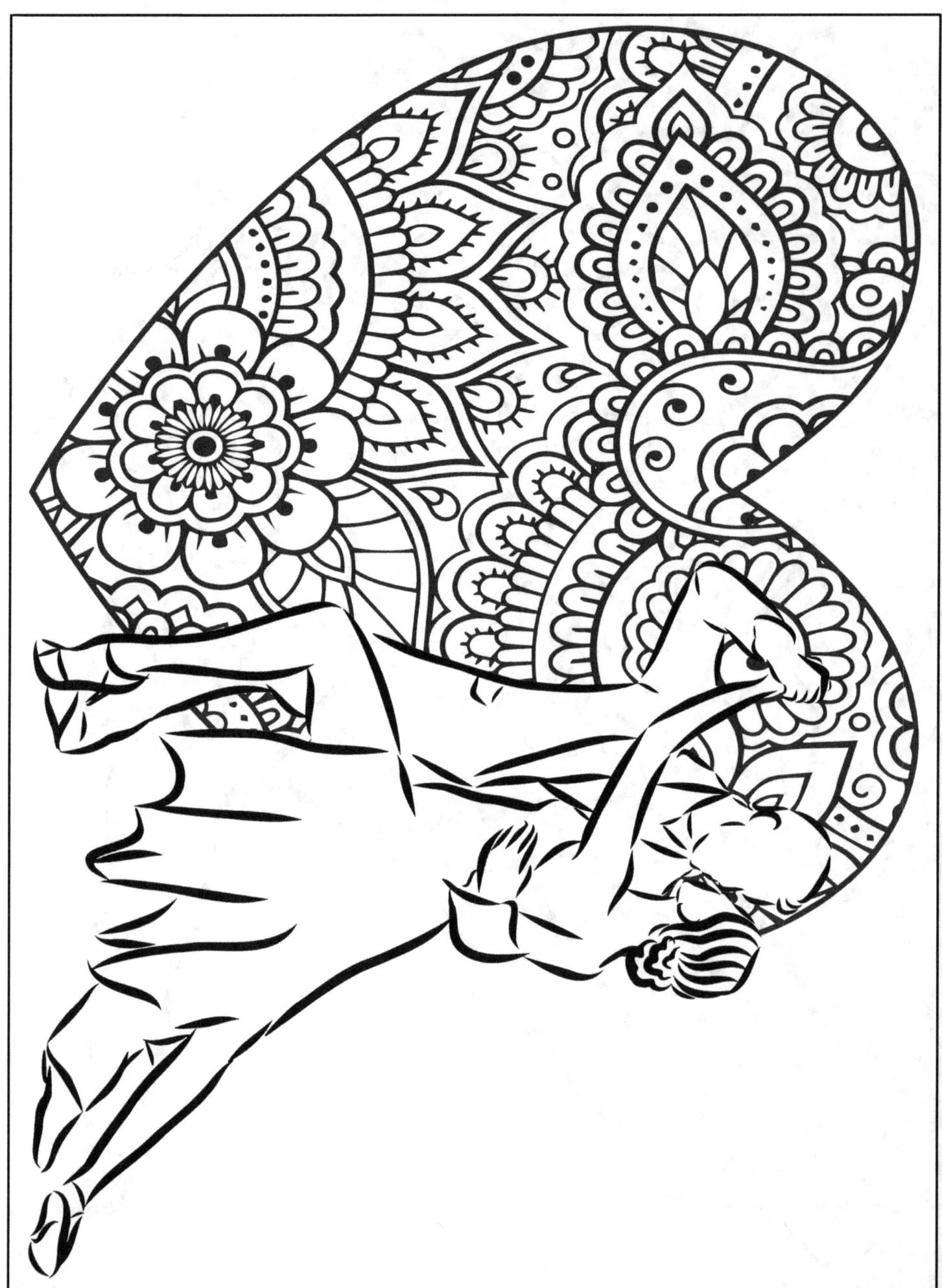

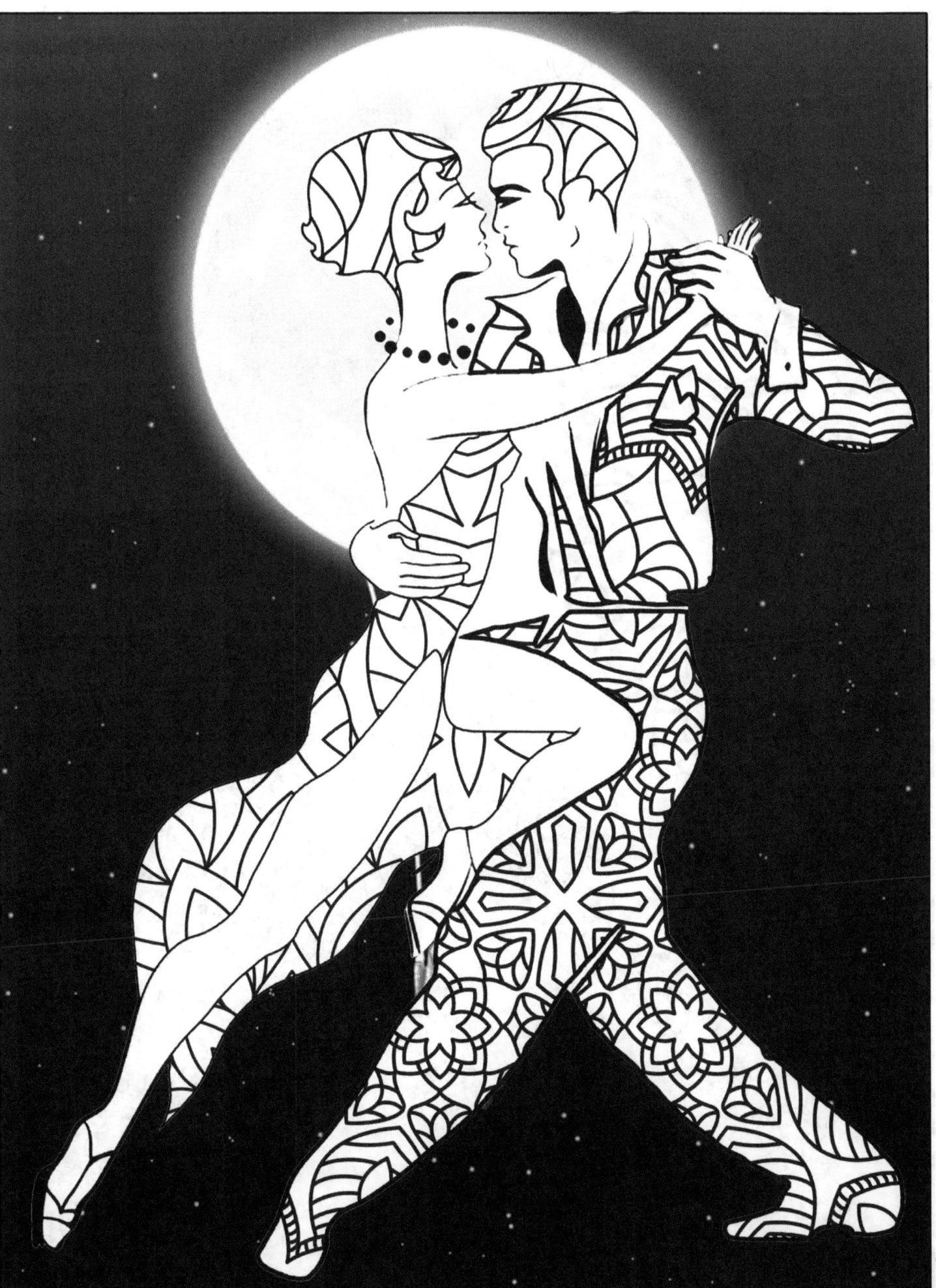

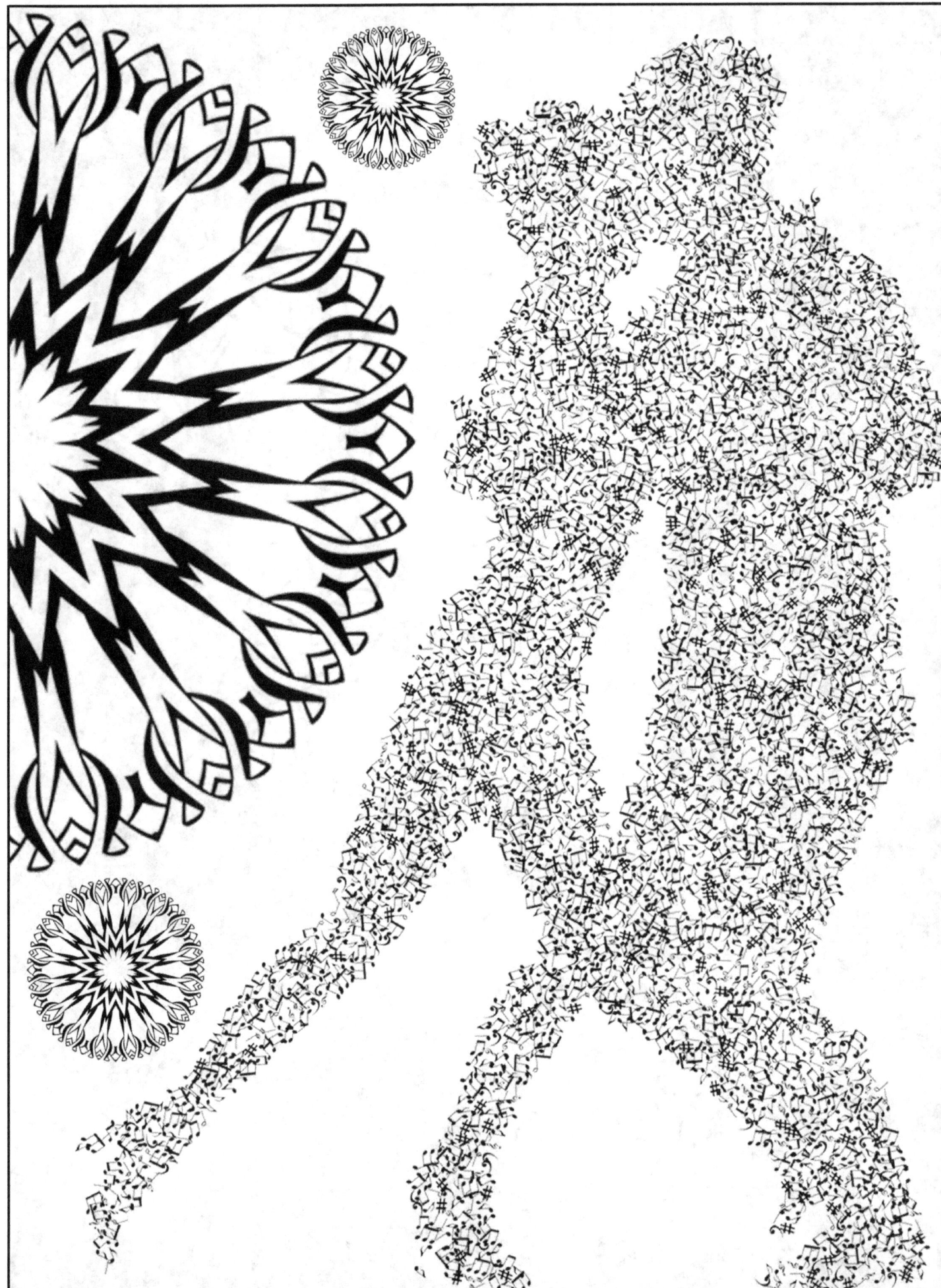

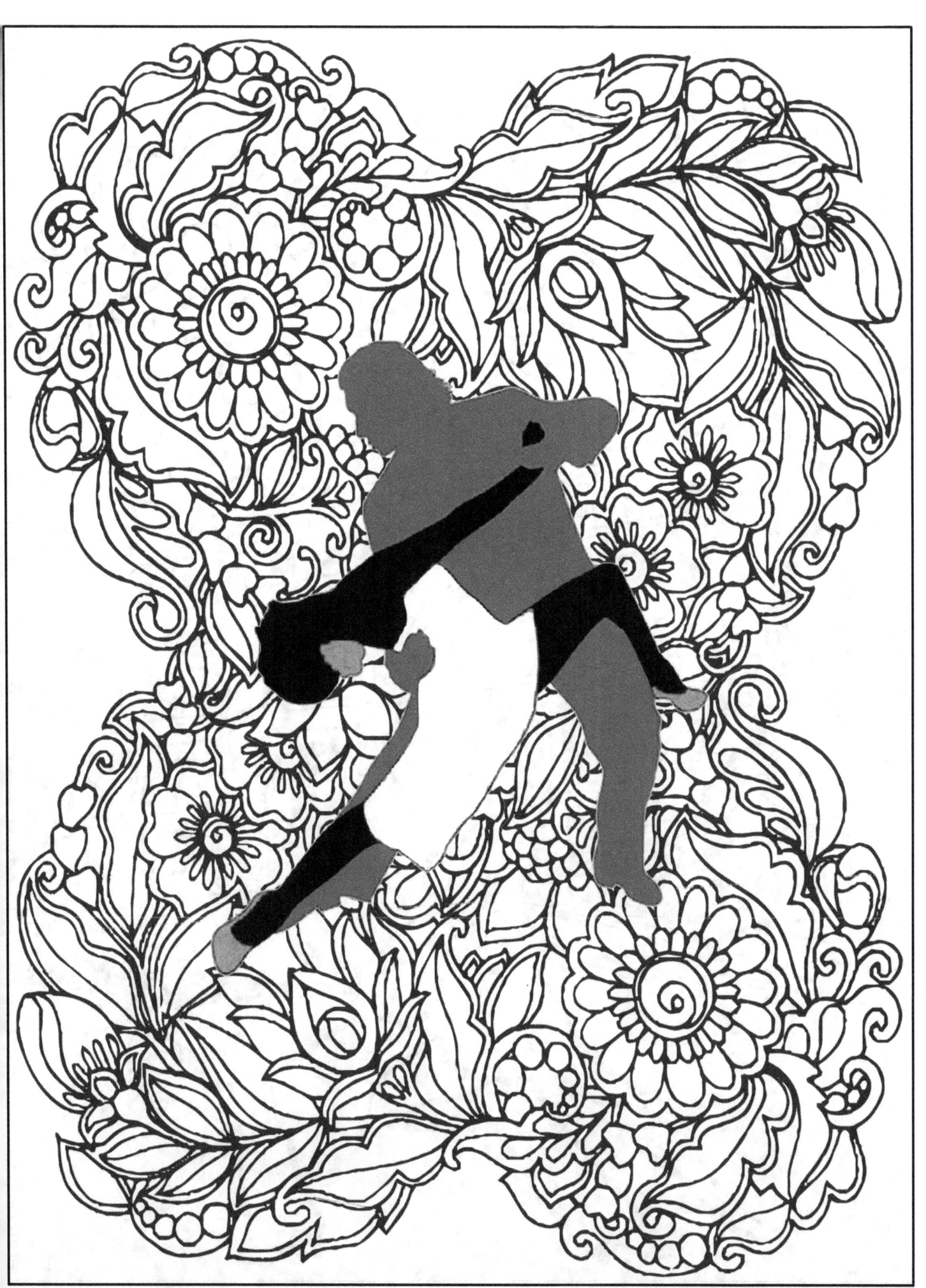

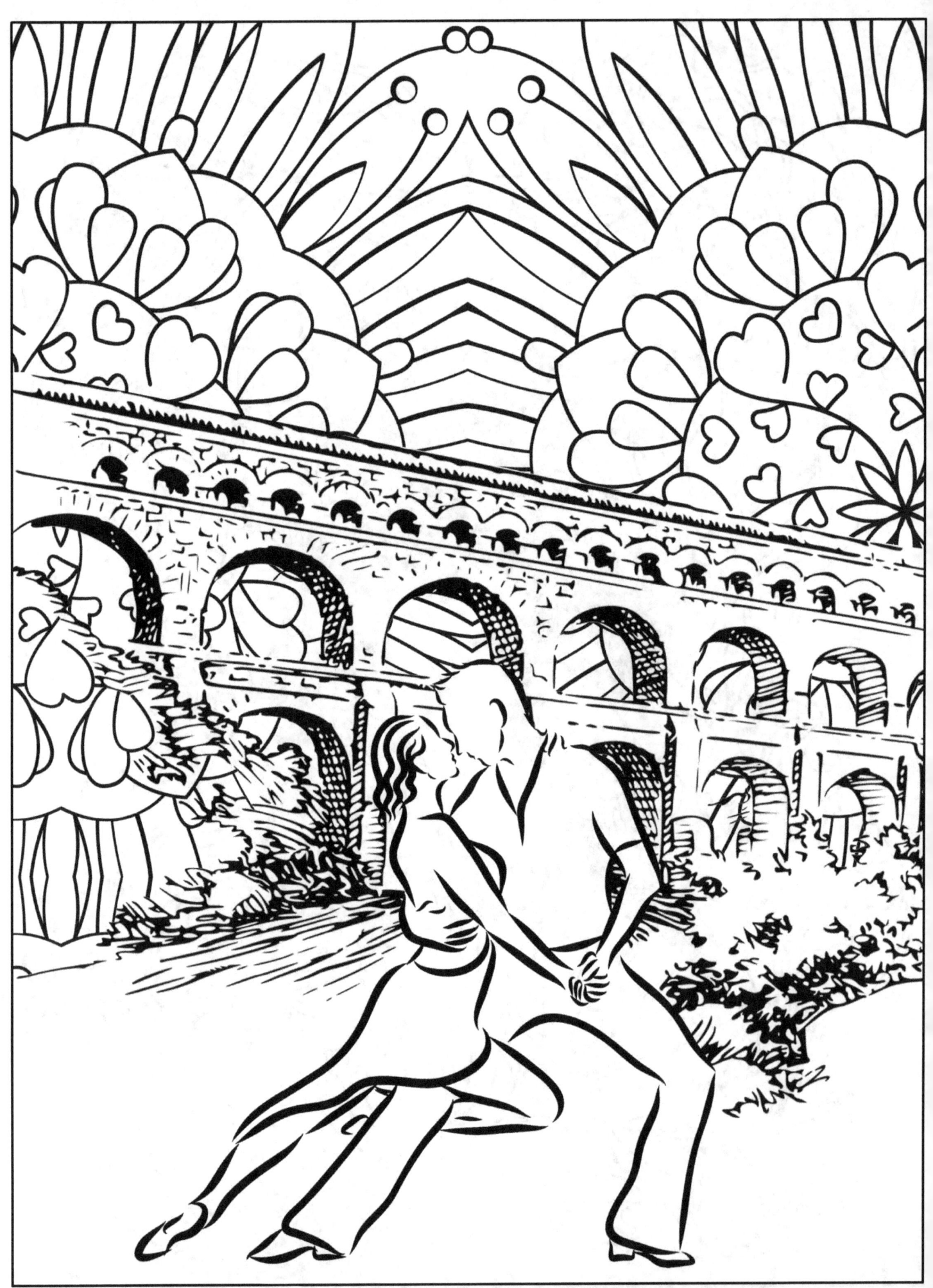

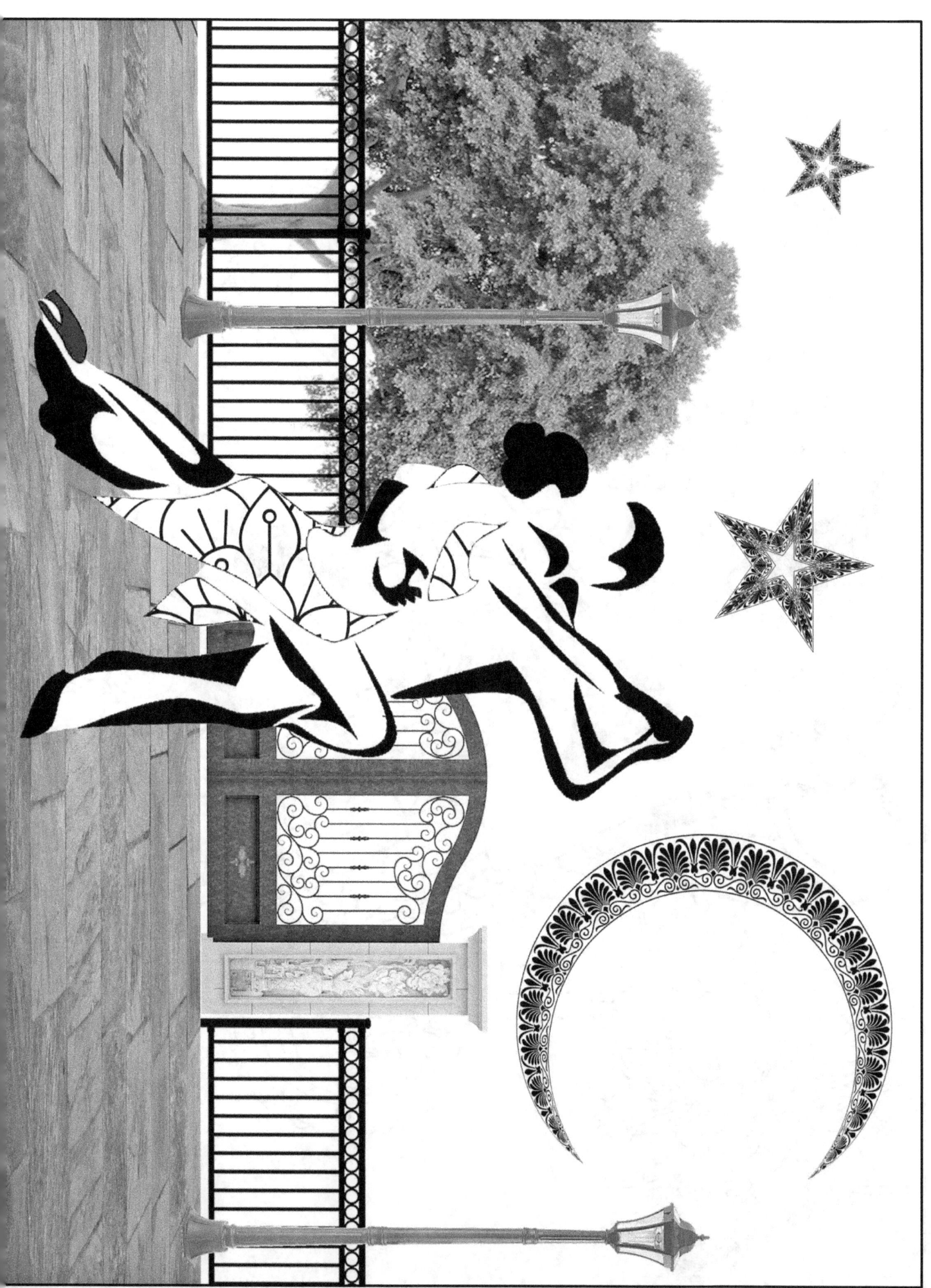

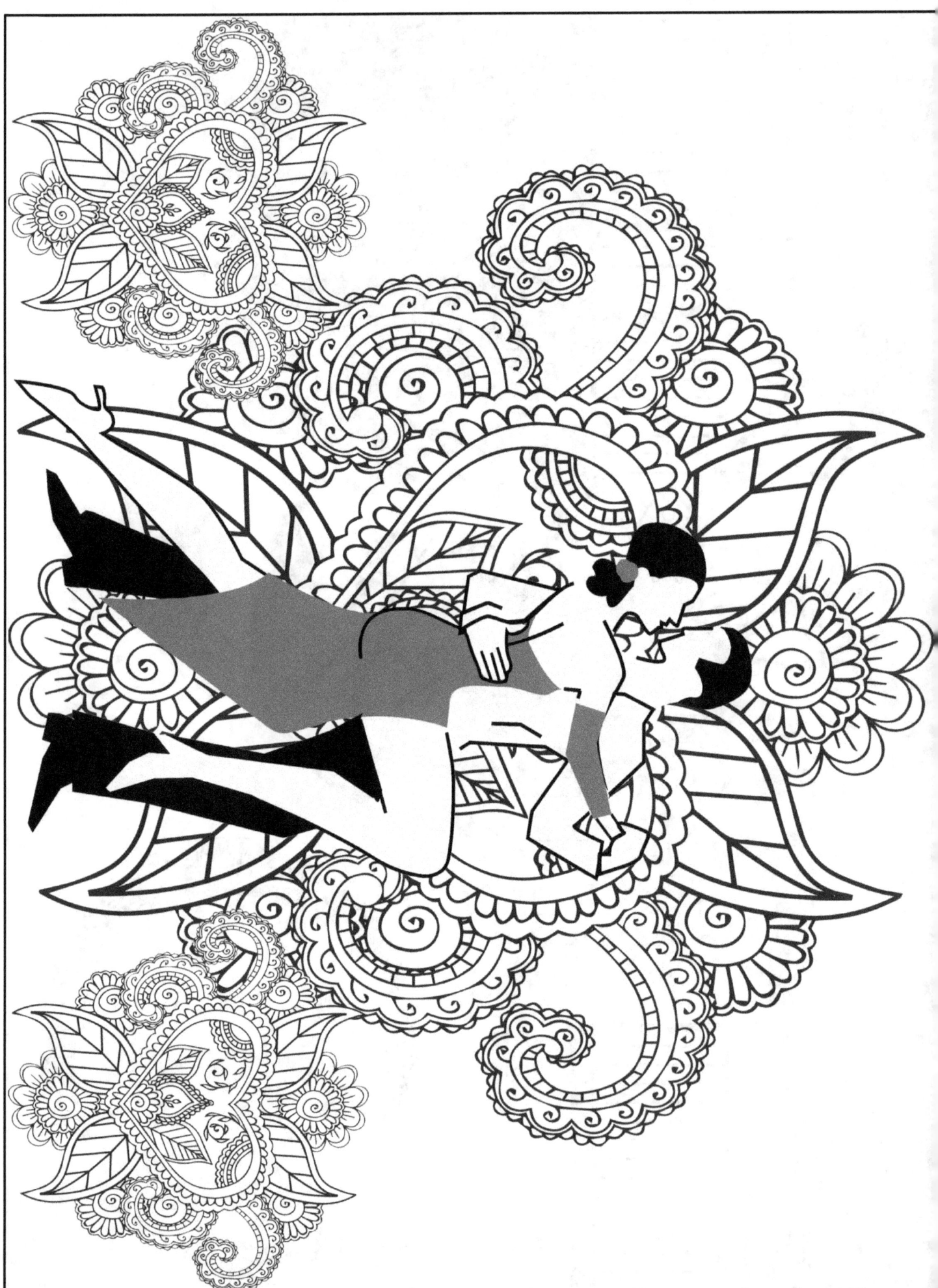

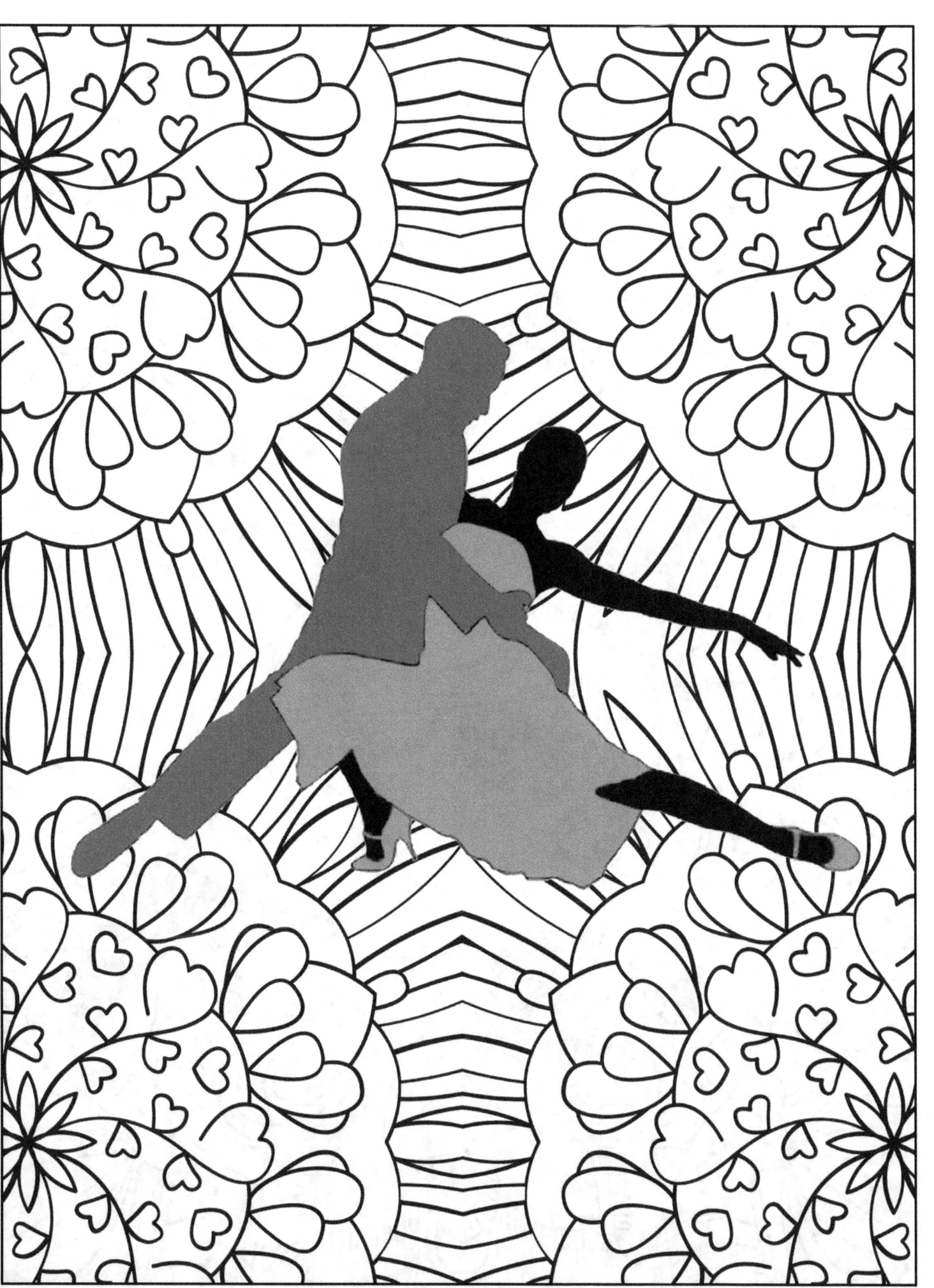

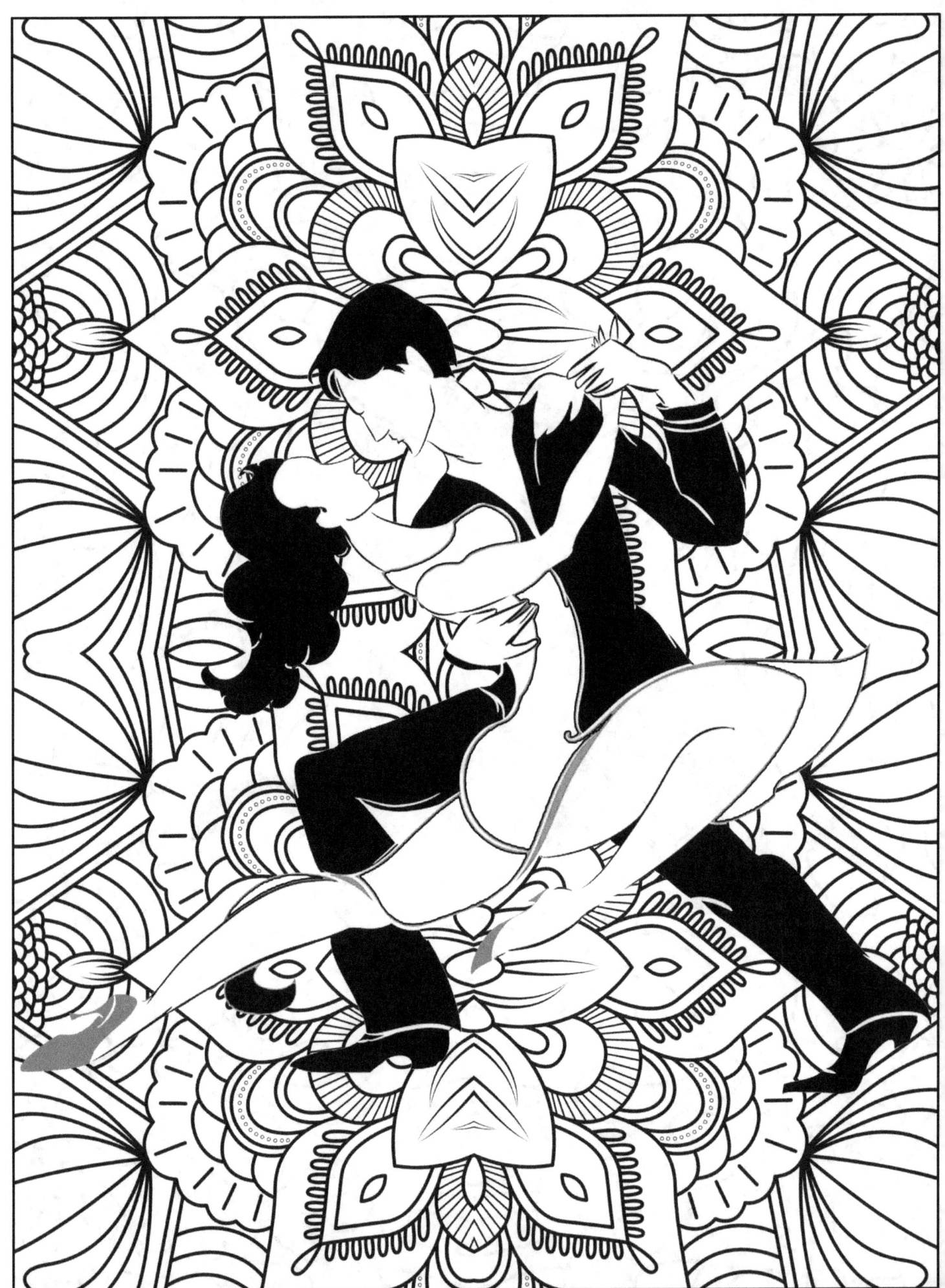

Gracias por elegir Ryan Avas@

Todos nuestros libros se realizan cuidando todos los detalles que puedan agradarles, tratando de ofrecer diversión y calidad. Deseamos que nuestros libros les aporten relajación, bienestar, y un tiempo de ocio que alivie el estrés del día a día. Esperamos cumplir con sus expectativas.

No olvide dejarnos su opinión si le ha gustado,

¡SE LO AGRADECEMOS!

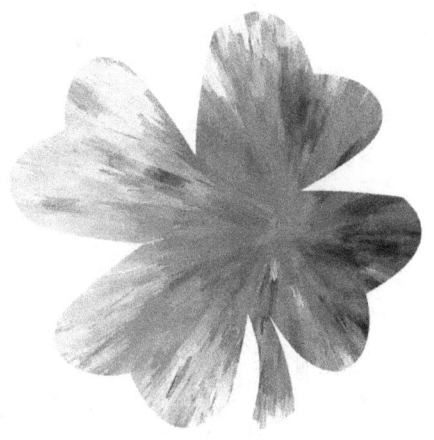

www.ingramcontent.com/pod-product-compliance
Lightning Source LLC
Chambersburg PA
CBHW080626220526
45467CB00011B/3378